JN439303

만드는 중

만드는 중

김영미 지음

수필과비평사

■ 책을 내면서

초록물결 출렁이는 뜨거운 여름에 만난 칸나꽃이 참으로 곱습니다. 손대면 핏빛 정열을 쏟아낼 것 같은 고혹적 자태가 부럽기까지 합니다.

여기저기 흩어져 있는 파편 같은 작품들을 한곳에 모았습니다. 막상 욕심부려 책을 내려고 보니 제목을 정하지 못해 여러 날 끙끙 앓았습니다. 아마도 무모한 모험을 꿈꾼 것은 아닌가 싶습니다. 제목도 정하지 못하고 책을 엮었지만 글 하나 하나가 제 생활의 일면이고, 그 조각들 속에 소박한 제 마음을 더했습니다. 그러고 보니 인생은 미완성이라는 어느 가수의 노래처럼 가벼운 제목 하나가 떠올랐습니다. 이 순간도 완성을 향해 가고 있는 저는 미완未完의 발걸음이며, 그 완성을 위해 지금의 과정은 현재 진행형인 '만드는 중'이 아닐는지요.

호수에 돌을 던졌을 때 점 하나로 시작해 그 물결이 내 발 밑으로 다시 커다란 동그라미로 여울지는 모습을 보았습니다. 삶속에 풀어 놓은 언어들이 잠시나마 독자들과 같은 생각으로 함께 시선을 맞출 수 있다면 저에겐 더없는 기쁨이 되겠지요. 소박한 접시에 순연한 마음으로 음식을 담습니다.

잊고 지냈던 문학적 감성을 다시 일깨워 주신 청주 MBC 이건수 국장님, 책을 내기에 앞서 관심의 끈을 놓지 않고 이끌어주신 권중평 교수님께 감사드립니다. 또 좋은 인연 맺게 해준 수필과비평사 유인실 실장님, 서정환 사장님, 그리고 제가 이 자리에 서기까지 사랑으로 지켜봐주신 모든 분들께도 고마운 말씀 전합니다. 언제나 나의 빈 곳을 채워주는 남편과 아들, 딸에게도 수줍은 미소 한 자락 보내고 싶습니다.

2007년 여름

김영미

■ 책을 내면서

1부 내가 좋아하는 사람은

만드는 중 1 __ 13
만드는 중 2 __ 18
금낭화가 활짝 필 때 __ 23
내가 좋아하는 사람은 1 __ 28
내가 좋아하는 사람은 2 __ 33
내가 좋아하는 사람은 3 __ 38
내가 좋아하는 사람은 4 __ 41
비 오는 날의 삽화挿話 __ 45
재치와 지혜의 언어 처방전處方箋 __ 51
추억여행 __ 56

2부 곁에 있음으로

곁에 있음으로 __ 63
고요한 골짜기를 만났을 때 __ 67
추억, 그 아름다운 수채화 __ 73
내 안의 2퍼센트 __ 78
두 달째 되던 날 __ 83
등산 바람 __ 88
만남 __ 93
무거운 여자 __ 98
목욕탕에서 __ 102
충전이 필요한 이유 __ 107

3부 까치소리

까치소리 __ 115
남편은 부재중 __ 120
딸 __ 125
수첩왕자 __ 131
시어머니의 뒷모습 __ 135
오동나무 __ 139
오해 __ 144
지갑 속의 애인 __ 148
콩 나무와 콩나물 __ 154
한여름 밤의 에피소드 __ 159

4부 비밀번호

무거운 여행 가방 __ 167
냄새 __ 173
비밀번호 __ 177
오클랜드에서 __ 182
타국에서 부르는 아리랑 __ 187
드라마 같은 현실을 꿈꾸며 __ 192

■ 해설
수필쓰기의 공진점을 위하여 / 권중평 __ 199

1부
추억여행

만드는 중 1

만드는 중 2

금낭화가 활짝 필 때

내가 좋아하는 사람은 1

내가 좋아하는 사람은 2

내가 좋아하는 사람은 3

내가 좋아하는 사람은 4

비 오는 날의 삽화揷話

재치와 지혜의 언어 처방전處方箋

추억여행

만드는 중 1

세 돌이 된 작은아이를 안고 있는 지천명知天命을 앞 둔 남자의 얼굴이 마치 활짝 핀 해바라기꽃 같다. 반백의 머리를 하고 하얀 이를 드러내며 아이를 품에 안고 연방 싱글벙글이다. 온갖 재롱으로 사람들을 즐겁게 하는 바람에 모임에 온 친구들은 아이에게서 시선을 떼지 못한다.

그냥 지나치지 못하는 남편이 친구가 안고 있는 아이를 빼앗아 품에 꼭 안아 본다. 아이는 싫다고 떼를 쓰며 울고 친구는 그렇게 부러우면 하나 만들라며 아이를 뺏는다. 자기 밥그릇을 남에게 빼앗겨 버린 모양을 하고 남편은 엉거주춤 서 있다.

요즘은 결혼을 하고도 아이를 낳지 않으려는 딩크족이 늘고 있어서 나라에서는 출산장려 정책을 쓰기도 한다. 또 지방자치단체에서도 그 지방에서 태어나는 아이에게는 출산 장려금이나 출산준비물을 주는 등 갖가지 정책을 내놓는다. 그러나 내가 갓 결혼을 했을 때는 공무원이 자녀를 두 명 이상 낳으면 승진에도 영향을 받고 의료보험 혜택도 주지 않았다. 자식을 많이 두지 못한 시어머님께서는 당신 아들이 공무원이라는 것도 생각지 않고 욕심을 부렸다. 그래도 저 먹을 것은 가지고 태어난다며 세 명은 되어야 한다고 며느리 눈살을 찌푸리게 했다.

남편 친구 중에는 첫째아이를 낳은 후 마흔이 훨씬 넘은 늦은 나이에 둘째아이를 얻은 친구가 있다. 또 한 사람은 지각결혼을 하고도 아이가 생기지 않아 전전긍긍 하다가 11년 만에 그야말로 극적으로 아들을 낳았다. 아이가 둘이나 있는데 또 우연히 아이가 생겨서 뒤늦게 얻은 사람도 있고 각양각색이다. 이미 자신보다 더 커 버린 아들딸에게서 맡을 수 없는 냄새를 맡고 싶어서일까. 친구들이 아기를 안고, 걸리고 모임에 나타나면 남편은 어떻게든 아기를 품에 안아보려고 안달이 난다.

밤송이 같은 콧수염이 숭숭 난 아들과 용돈이 필요할

때면 콧소리로 아빠를 부르는 딸은 이제 훌쩍 커버려 안아 주기조차 버거운 나이가 되었다. 귀엽다고 하기엔 무색한 성인이 된 아이들. 남편은 술만 한잔 들어가면 아들과 딸을 앞에 앉혀 놓고 어렸을 때 이야기를 곧잘 한다. 아이만 보면 좋아서 번쩍 안고 물고 빨고 하는 남편은 그런 친구들의 아기만 보면 내게 눈을 찡긋찡긋한다. 한 번 더 배부르게 해줄까, 하면서 진피를 떤다.

문학회 동인들의 시상식이 있어 서울에 갔을 때다. 시간이 남아 우연히 천상병 시인의 아내가 하는 '귀천'이라는 찻집엘 들렀다. 그곳에는 다녀간 사람들이 흔적을 남겨놓는 방명록이 있다. 함께 갔던 K교수님께서 네 사람의 이름 옆에 저서를 적으면서 누구누구 다녀가다, 라고 적었다. 그런데 같이 간 세 분은 모두 개인 창작집을 냈다. 나만 그 빈칸에 적을 책이 없었다. 곁에 앉았던 한 동인이 나만 빠진 것을 안타까워하며 책제목을 빨리 생각해서 적으라고 한다. 생기지도 않은 아이를 어떻게 낳느냐고 했더니 그럼 '만드는 중'이라고 적으라니 그러잖아도 처진 어깨가 더 내려앉는다. K교수님은 내 이름 옆에 '만드는 중'이라고 적는다. 동인들은 책 제목을 정하지 않았으면 '만드는 중'도 호기심을 충분히 자극하는 좋은 제목이라며 찻집 안이 떠들썩하게 웃는다.

찻집을 나와 시상식장으로 향하면서 나는 올해 내야 할 책 제목 생각으로 일행들의 말도, 거리의 이색 풍경도 들리지도 보이지도 않았다. 그냥 주인 따라 가는 소마냥 무표정하게 앞장선 사람 뒤만 따랐다. 시상식장에 도착하니 오랜만에 보는 낯익은 얼굴들이 찬바람으로 싸늘한 손을 따뜻하게 잡아준다.

동인들은 낳을 때가 되어가는 것 같은데 언제쯤 낳느냐고 묻는다. 인사 끝에 꼭 듣는 말이다. 명쾌히 대답할 말이 없어 웃음으로 얼버무리면서 "만드는 중"이라고 했다. 대박 맞을 놈 만드느라, 그래 힘이 드느냐면서 내 어깨를 툭 친다. '손가락 발가락은 다 있는지, 혹 어디가 이상하게 생긴 장애아는 아닌지 꼼꼼히 따져보느라고요'라고 말하고 싶지만 말이 되어 나오지는 않았다.

모임에 다녀온 남편은 오늘따라 샤워하는 시간이 길다. 음식 쓰레기를 버리고 들어오니 전화벨이 울리고 있다. 물소리 때문에 전화벨 소리가 안 들리는지 남편은 아직도 욕실에서 나오지 않는다. 헐레벌떡 뛰어가 전화를 받았다. 가쁜 숨을 몰아쉬며

"여보세요?"

"제수씨, 그렇게 부러워하더니 만드는 중이에요? 아, 전화를 왜 이리 늦게 받아요?"

반백의 머리에 아이를 안고 싱글벙글거리던 남편의 친구다.

만드는 중 2

그 사람을 생각하는 자체만으로 오랜 황사로 눈과 코, 입을 막고 살다가 맑은 하늘을 만난 느낌을 받는다. 내 주위에 그런 사람이 있다는 사실만으로도 정신적 포만감이 느껴진다. 평소 자주 만나지는 못하지만 한 지인知人을 만났다. 책은 언제 나오느냐는 말에 걱정거리를 털어놓았더니 내 어깨를 툭 친다.

"어려운 명곡 연주한다고 해서 수준이 높다고 관객이 감동을 하는 것은 아니야. 쉬운 곡도 잘만 연주하면 감동을 줄 수 있는 거라고. 자네는 그런 재주 충분히 있어. 열심히 해."

라는 말이 며칠이 지난 지금까지도 귀에 맴돌며 잘 자란 잔디밭을 걷는 듯 한결 기분을 들뜨게 만든다.

좋은 말은 아침 이슬 같다고 한다. 이슬의 양은 많지 않지만 식물에게 큰 영향을 주는데, 특히 사막 같은 지역에서는 식물의 생존에 커다란 영향을 주고 있다고 한다. 상대를 기분 좋게 하는 한 마디 말이 사람에게 얼마나 많은 영향을 주는지 실감난다. 하찮은 말 한마디가 상대의 가슴에 비수를 꽂을 수도 있지만 또 이렇게 한 마디 말이 누군가를 즐겁게 해준다면 그것 또한 남을 위한 배려가 아닌가.

얼마 전 모 연예인이 자신의 홈페이지에 올라온 댓글에 소위 악플이라는 나쁜 글로 인해 괴로워하다가 자살하였다. 그래서 악플에 대한 강한 처벌과 인터넷 실명제를 하자는 말까지 나오고 있을 정도라고 하니……. 불교에서는 우리가 몸으로 짓는 열 가지 업 중에 입으로 짓는 업이 무려 네 가지나 된다고 한다. 그래서 예불을 드릴 때는 반드시 '정구업진언 수리수리 마하수리 수수리 사바하'를 하고 시작한다. 입으로 지은 죄를 먼저 소멸해 달라는 진언이다. 우리가 무심코 하는 언어생활이 얼마나 중요한가를 깨닫게 하는 대목이다. 『탈무드』에는 이런 말이 나온다.

누가 이미 물건을 산 뒤에 이것이 좋은가 아닌가를 물을 때 그것이 보기에 좋지 않더라도 좋다고 해라. 친구가 결혼했을 때 반드시 그 부인을 '미인이군.'이라고 거짓말 하고 행복하게 살기를 축복해 주어라.

위의 두 가지 경우에는 거짓말을 해도 된다고 말하면서 『탈무드』의 말은 계속된다.

사람들은 자신의 결정에 대해 다른 사람으로부터 인정을 받고 싶어 합니다. 남에게 긍정적인 말을 들을수록 자신의 선택에 안심을 합니다. 그러나 부정적인 말을 들으면 실망하고 후회하고 심한 자괴감에 빠지기도 합니다. 굳이 사실 그대로 느낀 그대로 이야기해 줄 필요가 없을 때가 있습니다. 사실이나 진실보다는 거짓이 필요한 경우라 할 수 있겠지요. 상대방이 바라고 있는 거짓을 말해주는 것, 그것은 더 이상 거짓말이 아니라 상대방을 안심시켜 주는 말, 상대의 결정에 확신을 심어주는 말이 됩니다.

그래서 탈무드에서는 때론 진실보다 거짓이 더 진실답다고 하는가 보다.

눈에 보이는 대로만 말한다면 과연 우리가 상대방에게 할 수 있는 언어는 얼마나 될까. 때로는 따뜻하고 돈독한 인간관계를 위해서 조금 과장이 섞이더라도 상대방 마음을 열어주는 가슴을 훈훈하게 하는 말이라면 어떨까.

하루 종일 귀에서 맴도는 기분 좋은 말로 내 자신을 뒤돌아본다. 내 기분이 좋지 않다고 해서 무심코 뱉은 말 한 마디로 남을 기분 상하게 하지 않았을까. 상대가 나를 언짢게 했다고 해서 나도 덩달아 그의 인상을 찌푸리는 말은 하지 않았는지. 가만히 입을 만져본다. 어린아이의 살갗 같다. 어린아이들은 결코 어른처럼 사악한 말은 할 줄 모르는 순수함이 있지 않은가. 손끝에 만져지는 이 느낌을 잊지 않고 싶다.

귀를 즐겁게 하는 것은 결코 아름다운 음악만이 아닐 것이다. 상대를 대함에 있어 배려하는 말과 작은 꿈을 갖게 하는 말을 할 수 있다면 그보다 더 듣기 좋은 음률이 필요 없으리라. 더구나 그 말을 들은 상대가 행복하다면 더 이상 바랄 것 없지 않은가.

같은 사무실에 근무하는 분이 오랜만에 화사한 와이셔츠에 양복을 입고 저만치서 성큼성큼 다가온다.

"어머나! 전 배용준인 줄 알았어요."

굳게 닫혔던 문이 열리듯 금세 그분의 고른 치아가 드러난다. 기분이 한층 업그레이드된 그분을 바라보는 나도 따라 즐겁다. 상대방을 기쁘게 하는 일이 비로소 내 자신도 행복해지는 일임을 알았다. 나는 지금 내 주변의 모든 사람을 조금씩 행복하게 '만드는 중'이다.

요 며칠 지인이 내게 해 준 말 한 마디로 눈에 보이는 것들이 초록빛이었고 들리는 모든 소리가 청명했다. 그분에게 받은 이 향기를 다른 사람에게도 전염시킬 때다. 이제는 아름다운 말을 내 삶의 목적어로 만들고 싶다.

금낭화가 활짝 필 때

20년씩이나 베일 속에 감추어져 있던 곳. 내가 처음 그 곳을 찾았을 때는 마치 갈래머리를 묶은 여학생을 연상시키는 분홍빛 금낭화가 활짝 피었을 때다. 지하에 큰 수족관이 있고 건물의 손잡이는 모두 금으로 장식되었다고 그저 소문만 무성하던 곳. 1983년부터 대한민국 대통령의 공식 별장으로 사용되던 청남대. 그 곳이 일반인에게 공개된 것은 지난 2003년 4월 22일부터다. 54만 평의 부지에 대통령 집무실과 헬기장, 그리고 대통령 경호실의 경비대대와 골프장, 수영장과 양어장이 있다. 소문과는 달리 그 곳은 수수한 장식과 가구들이 깨끗이 정돈된 아주 소박한 곳이었다.

신라 문무왕 때 원효대사가 이곳을 지나다가 "천년 후 산 아래에 물이 차서 호수가 생기고 용이 물을 만나 승천하듯 이 지역이 국토의 중심이 되며, 임금 王字 지형으로 국왕이 머물게 되리라." 예언하였다고 한다. 예언대로 우리나라 다목적 댐인 대청댐이 생겨서 호수가 생겼고 남쪽의 청와대란 뜻의 대통령 별장이 들어선 곳이다.

눈길 닿는 곳마다 이름도 알 수 없는 수십여 종의 야생화가 양 옆길을 가득 메우고 있었다. 또 잘 가꾸어진 부잣집의 정원수처럼 버섯 모양을 한 소나무가 갑자기 늘어난 방문객들을 주시했다. 발자국을 내디딜 때마다 나도 모르게 튀어나오는 감탄사를 꿀꺽꿀꺽 삼켰다.

머리 위에서는 새들이 끊임없이 조잘거리고 들꽃들의 은은한 향취와 싱그런 풀 냄새. 잠자는 나뭇잎을 가끔씩 흔들어 깨우는 바람소리. 그동안 무감각해진 내 오감이 활짝 열리는 순간이다.

초가정으로 가는 마사토로 된 조붓한 길. 그 왼쪽으로 푸른색 잔디가 융단처럼 깔린 골프장. 산으로 이어지는 그곳엔 홍단풍과 청단풍이 어우러져 가을이 아닌데도 현란한 빛깔의 조화를 이루고 있다. 새의 깃털이 떨어지는 것 같은 모양을 한 낙우송 앞에 서면 어디선가 한 마리 새가 푸르릉 소리를 내며 날아오를 것 같다. 푹신하게 발에 와 닿는 흙길의 감촉. 이미 아스팔트와 콘크리트로 포장된 길에 익숙해진 그 감촉을 무어라 표현할 수 있을까. 오솔길 양 옆은 벌개미취, 비비추, 향기가 사람을 취하게 하는 은방울꽃 등 90여 종의 야생화 천국이다.

대청호반을 끼고 얼마만큼 걷다보면 그늘집이 나온다. 그늘집은 미니 골프장 앞에 있어 골프를 치다가 잠시 쉬는 곳이다. 그 앞으로 유리 같은 호수가 그림처럼 펼쳐져 있고 가장자리엔 대통령이 타던 영춘호라는 작은 배가 서 있다.

거기에서 또 하나 눈길을 끄는 것은 바로 오리들이다. 나각이라는 큰 고동을 불면 그 소리를 듣고 근처 호수에서 놀던 오리 떼가 몰려온다. 알에서 부화했을 때부터 훈련을 받은 오리들에게 나각 소리는 먹이를 준다는 뜻이다. 오리들에게 보리쌀을 한 움큼씩 던져주면 그것을 주워먹고 또 제 갈 길로 간다. 그 모습이 어찌나 앙증맞고 귀여운지 갓 걸음마를 배워서 걷는 어린아이처럼 사랑스럽다.

그곳을 지나면 작은 샘이 나오는 데 조그마한 물레방아가 돌고 쉬리라는 물고기 외에도 몇 종의 토종 물고기가 살고 있다. 작은 샘에서 몇 발자국을 옮기면 취나물, 고사리, 야생더덕이 향취를 풍기고 그 주변 뽕나무를 베어낸 곳에서는 상황버섯이 옛이야기처럼 자라고 있다.

흙길을 밟는 푹신한 감촉을 즐기며 오솔길을 걷다보면 어느새 초가정이 나타난다. 지붕은 초가집처럼 볏짚으로 만들고 그 밑에 쉴 수 있는 공간은 원두막을 그대로 옮겨온 듯한 인상을 준다. 그 곳에 앉아 있으면 나뭇잎을 간질이는 바람소리와 새소리, 물소리만이 가득하다. 대통령과 영부인이 앉던 자리라는 안내 도우미의 말에 나도 슬그머니 엉덩이를 들이민다. 초가정 옆에는 김대중 대통령의 시골집에서 가져왔다는 농기구가 빛을 내며 잘 진열되어 있다.

새소리만으로도 좋은 음악이 필요치 않고 나란히 어깨를 맞대고 걷는 이 길에선 함께 있는 사람이 더없이 좋아진다. 그래서 자연이 주는 감동은 느끼는 사람의 몫이라고 했을까.

두 사람이 겨우 걸을 수 있을 정도의 폭이 좁다란 길을 따라 한참을 가면 오각정이라는 곳에 다다른다. 이곳은 올라가는 길이라든가 지어 놓은 정자의 모습이 동해안의 낙산사 의상대를 연상케 한다. 그 곳이 커다란 파도의 용솟

음침을 생각나게 한다면 오각정은 물결의 큰 일렁임 없이 잔잔한 호수 그대로 평화를 꿈꾸게 하는 곳이다. 새들이 작은 나뭇잎을 떨구며 날아가도 엄청난 태풍이 재해를 몰고 와도 그저 몸부림 없이 모든 것 감싸 안는 호수 위에 지어진 작은 집.

이제 20년의 베일은 벗겨졌다. 청남대가 대통령이 아닌 관광객들에게도 충전할 수 있는 쉼터로서 좋은 볼거리가 될 수 있기를 기대해도 될까.

내가 좋아하는 사람은 1

은발의 노신사가 꽃을 든 모습은 그 어떤 명화名畵보다 더 아름답다. 그 꽃다발을 받을 사람이 내가 아닌데도 왠지 그런 모습을 보노라면 흐뭇하다. 내가 좋아하는 사람은 이런저런 선물보다도 꽃을 선물하는 열정이 있는 사람이다.

나는 또 이런 사람을 좋아한다. 차 한 대가 겨우 지나갈 수 있는 골목길에서 오는 차와 가는 차가 마주쳤을 때, 먼저 후진해서 피해주는 운전자. 그런 사람은 차라도 한잔 나누고픈 이웃처럼 느껴진다.

소낙비가 억수같이 퍼붓는 날 시내버스 안에서, 뒷문으

로 내리려고 준비하는 승객들에게 뒷문 쪽에는 물이 많이 고였으니 앞문으로 내리라는 운전기사를 볼 때, 내가 내릴 곳은 아니지만 나도 모르게 슬그머니 입에서 미소가 흘러나온다.

남의 집 애경사에 부조금 준비해서 열심히 쫓아다니는 사람보다도 팔 걷어붙이고 자신이 할 일을 먼저 찾아내는 사람, 남의 불행을 화젯거리로 삼기보다는 진실로 가슴 아파하는 사람은 얼마나 인간적인가.

대중목욕탕에서 어린아이들이 소리 지르고 장난치면서 옆 사람에게까지 피해를 줄 때, 인상을 쓰며 방관만 하는 사람보다는 내 아이가 아니라도 따끔하게 꾸짖을 줄 아는 사람, 또 이런 사람은 어떤가. 부부싸움을 하고 보따리를 싸서 씩씩하게 집을 나갔다가도 또 당당하게 그 문을 열고 들어올 수 있는 사람, 전화를 하면 궁금했다며 놀러오라는 겉치레 인사를 하기보다는 가끔씩이라도 '내가 어느 책에서 본 것인데' 하면서 유머러스한 얘기로 나를 웃음짓게 만드는 사람, 그런 사람을 나는 좋아한다.

자주하는 전화는 아니더라도 귀중한 시간을 뺏을까봐 전화를 받아도 괜찮은 시간이냐고 먼저 물어보는 사람, 10분이 넘도록 전화로 통화하면서 두서없는 이야기로 너스레를 떠는 사람보다는, 좋은 시구詩句 하나라도 호출기 음성 사서함에 넣어주는 사람에게 호감이 가는 것은 나만이 가지는 이기심일까.

음식 배달 통을 들고 열심히 일하는 사람은 누가 보아도 아름답지 않은가. 시장에서 물건을 살 때 덤으로 조금 더 주는 사람도 좋지만, 자신만의 비법인 요리법을 알려주며 맛있게 해 먹으라고 하는 사람을 나는 더 좋아한다.

잘 정돈된 집에서 화초를 잘 키우는 사람보다는 정리가 덜 되었더라도 문을 잠그지 않고 누가 오든 항상 반갑게 맞아주는 사람이 좋다.

말을 잘하는 사람보다 다소 어눌한 말씨일지라도 분위기를 살릴 줄 알고, 수다스럽게 말하지 않으면서도 듣는 이가 고개를 끄덕일 수 있게끔 생각을 일깨워 주는 사람은, 처음 만났더라도 성큼 다가가고 싶을 만큼 호감이 간다.

자신의 생활이 아니고 본인의 일과 연관이 없다고 해서 세상일에 관심을 가지지 않는 사람보다, 살면서 끊임없이 뭔가를 배우려고 하는 사람을 보면, 늘어지고 나태해진 내 생활을 팽팽하게 잡아당겨주는 힘이 느껴진다.

또 애프터서비스맨처럼 막힌 데는 뚫어주고 고장 난 곳

은 고쳐주면서 말 한 마디 한 마디에 친절함이 오래도록 몸에 배인 사람을 보면 나도 그처럼 살고 싶다.

공중전화에서 100원을 넣고 전화 한 통을 하고 나면 당연히 다음 사람이 전화를 걸 수 있도록 하는 일이 보편화되어 있다. 그렇지만 뒷사람이 겸연쩍게 50원을 내밀 때 50원이라는 돈의 가치를 생각하면 별것 아닌데도 그 사람의 손이 아름다워 보이는 것은 무엇 때문일까.

내가 좋아하는 사람은 소설에도, 영화 속에도 있다. 「메디슨 카운티의 다리」에 나오는 로버트 킨 케이드. 그에게는 50대 남자에게서는 찾아보기 힘든 꿈과 열정이 있다. 사진을 찍을 다리까지 가는 길을 묻다가 가슴에 일생 동안 간직할 사랑하는 여자를 만난다. 그가 뭇여성들의 이상형은 아닐까.

영화 「바람과 함께 사라지다」의 여 주인공 스칼렛. 그녀의 도전하듯 용감하게 생을 사는 모습이 나는 좋다. 그리고 버틀러의 상대방을 빨아들일 듯한 그 눈빛은 생각만 해도 가슴을 저릿저릿하게 한다.

내가 좋아하는 사람은 내 주위에 이렇듯 많은데 나는 과연 남에게 어떤 모습으로 비춰지는 사람일까. 언뜻 보기엔 보잘것없는 들풀도 나름대로의 향이 있듯이, 설령 그

풀잎이 뽑혀서 말라간다 할지라도 마른 그대로의 향기를 가진 사람이고 싶다.

내가 좋아하는 사람은 2

아파트 뒤로 보이는 작은 텃밭을 기웃거리는 것이 이젠 버릇처럼 되었다. 이른 아침부터 노부부의 손길이 바쁘다. 애호박 몇 개와 호박잎 한 움큼, 빨간 고추를 따서 가슴에 안고 오는 모습이 퍽 보기 좋다. 시골에서 흙을 일구며 사는 노부부의 모습도 보기 좋지만, 취미생활도 같이하고, 부부가 정답게 도심에서 밭을 가꾸며 함께 늙어 가는 모습은 내가 장차 그리고 싶은 그림이다.

이런 옛 멋을 즐길 줄 아는 여인은 또 어떤가. 매니큐어를 빨갛게 칠한 사람보다는 봉숭아물을 들인 사람. 그런 이를 나는 더 좋아한다. 첫 눈이 올 때까지 손톱 끝에서 봉숭아물이 지워지지 않으면 첫사랑을 만나게 된다고 하는데 그런 사람을 보면 괜스레 설렘으로 나까지 첫사랑이 기다려지기도 한다.

약속을 어기면 변명보다도 겸연쩍은 표정으로 머리까지 긁적거리며 미안하다는 말을 먼저 할 줄 아는 이에게 더 정情이 간다.

또 어떤 자리에서 노래를 부르게 되었을 때 당황해서 가사를 잊어버리고 어쩔 줄 몰라 할 때 재빨리 노래를 같이 불러주는 사람, 그런 사람을 보면 어머니에게 용돈을 받았는데 어머니 몰래 더 주는 아버지 같아 푸근하다.

자주 만나지 못해 잊은 줄만 알았던 사람에게 뜻하지 않게 연하장을 받았을 때, 내 마음은 한없이 부자가 된다는 것을 그 사람도 알까.

통신 수단이 고도로 발달한 21세기에 자주 보고 만나는 사람일지언정 가끔이라도 직접 손으로 꾹꾹 눌러 쓴 편지를 보낼 줄 아는 사람은 정이 깊어 보여서 좋다.

어느 백화점이 언제부터 할인판매 기간이고 어느 극장에서 어떤 프로그램을 하는지에 대한 정보는 잘 알면서도 최근에 많이 읽히는 책이 무엇인지 잘 모르는 사람. 그런 사람보다는 커피 값도 아낄 수 있고 이런저런 책을 뒤적여

보며 삶의 여유를 즐길 수 있게 약속 장소를 서점으로 정하는 사람을 나는 더 좋아한다.

사는 데 바빠서 하늘 한번 제대로 쳐다볼 여유 없이 살아가는 내게, 저녁노을이 참 아름답다며 하늘 한번 쳐다봐, 하고 짤막하게 전화해주는 사람은 나를 감동시킨다.

유명인의 강연회에서 데리고 온 아이가 칭얼대고 보채면 다른 사람에게 방해될까봐 서슴없이 아이를 데리고 나가는 걸 보면 뒷모습이 아름답다.

이웃에 어렵게 사는 소녀가장을 후원자가 되어 친자식처럼 보살피는 사람은 애완견을 자식처럼 키우는 사람보다 더 인간적이고 보기 좋다.

엘리베이터를 타려고 결코 가깝지 않은 거리에서 뛰어오는 이를 위해 문이 닫히지 않도록 기다려 주는 사람은 마음이 여유 있고 후덕해 보인다.

무거워 보이는 보따리를 머리에 이고 시내버스를 타려고 뛰어오는 할머니를 기다려주는 시내버스운전기사를 보면, 『심청전』을 읽고 난 기분이다.

좁은 공간에서 주차할 때 부탁하지 않았는데도 뒤를 봐주면서 주차를 잘할 수 있게 도와주는 사람, 후진을 잘하지 못해 쩔쩔매는 초보운전자에게 직접 운전을 해서 후진

해주는 사람을 보면 비 오는 날 우산을 빌려주는 친구 같다.

슬픈 드라마를 보거나 이산가족 상봉 장면을 TV로 보면서, 눈물을 흘릴 줄 아는 남자도 아름다워 보인다.

낯선 도시에서 목적지를 찾지 못해 이리저리 헤매다가 내가 가고자 하는 길을 물어보았을 때, 자기를 따라오라고 하면서 목적지까지 안내해주는 사람, 그런 이도 미덥지만 좋은 여행 되라고 한 마디 덧붙일 줄도 아는 사람을 나는 닮고 싶다.

일류 메이커가 아니면 안 쓰고 사지 않으면서 불우이웃을 위해 가끔씩 큰돈을 내는 이보다는, 빠듯하고 여유 있는 살림은 아니지만 적은 돈이라도 늘 일정액을 후원금으로 내는 사람, 그런 이를 보면 옛날에 어떤 부자가 땅 속에 묻어 놓은 보물단지를 종종 꺼내보는 기분을 이해할 것만 같다.

꽃잎이나 단풍이 곱게 든 나뭇잎을 잘 말려서 빌려간 책갈피에 넣어서 돌려주는 사람. 그런 이를 만나면 늘 먹어도 질리지 않는 질박한 우리의 토속 된장 맛을 보는 것 같다.

누군가에게 부탁을 받으면 나는 그게 어떤 부탁이건 딱

잘라 거절하지 못한다. 그만큼 성격이 우유부단優柔不斷해선지 맺고 끊음을 잘 못한다. 그래서 가끔 내가 누군가에게 어떤 부탁을 했을 때 한 마디로 거절하는 사람을 보면, 서운하기도 하지만 한편으론 조율이 잘된 피아노 소리를 듣는 것처럼 명쾌하다.

텃밭에는 남은 곡식이 잘 영글도록 아직도 따가운 햇볕이 내리쬐는데……. 나는 아마도 다른 사람의 좋고 나쁨만을 판단하는 도수 높은 안경을 쓰고 있는 것은 아닐까.

내가 좋아하는 사람은 3

구세군 자선냄비의 종소리가 시선을 끄는 한 해의 끝자락에 서 있다. 그 빨간 냄비에 작은 금액이지만 돈을 넣고 돌아서는 고사리 손이 더욱 빛날 때다. 다 그런 것은 아니겠지만 정당하지 않은 방법으로 돈을 모아 신문 1면에 불우이웃 돕기 성금으로 거금을 내는 큰 부자보다는, 전화를 걸기만 하면 천 원씩 적립되는 이웃돕기 성금 ARS를 누르는 그 손길을 나는 좋아한다.

또 불우이웃돕기 성금을 오백 원 이상 가져오라는 선생님 말씀에, 다른 고집은 안 피우던 녀석이 꼭 이천 원을 가져가고 싶다며 떼쓰는 초등학생 아들을 둔 친구. 공부

잘하는 자식보다 더 안아주고 싶지 않은가.

이웃집 아름이 엄마를 내가 좋아하는 이유는 여러 가지가 있다. 그 중 잔치를 하거나 제사 다음날이면 부침개나 떡을 들고 경로당을 찾고, 김장김치를 담가 어르신들을 즐겁게 해드리는 모습이 참 보기 좋다. 그런 아름이 엄마가 얼굴빛만 보고도 아픈 곳을 꼭 집어내는 명의名醫 같다.

어제는 최첨단 통신이던 것이 오늘은 더 빠르고 좋은 것에 밀려나는 시대에 우리는 살고 있다. 인터넷만 열면 각종 축하 카드가 즐비하고 키보드만 누르면 좋은 음악과 함께 배달되는 세상이다. 하지만 또박또박 정성들여 쓴 카드를 받을 때면, 그 사람의 따뜻한 마음까지 덤으로 전해진다.

말로 천 냥 빚을 갚는다고 했던가. 큰일을 앞두고 있는 사람에게 바빠서 도움은 못 되더라도 일은 얼마만큼이나 진행이 되어가는지, 도와주지 못함을 미안하다고 말할 줄 아는 이는 그 마음만으로도 더 정이 간다.

구조조정으로 마흔다섯의 나이에 명예퇴직을 한 남편의 친구 K. 부부동반 모임이 끝나고 서둘러 귀가하는데, 추위에 상반신만 있는 몸을 이끌고 기어가는 장애인 앞에 성큼 돈을 주고 돌아선다. 또 얼마 전, 한쪽 시력에 의지해 살고 있는 어느 선배가 장기기증운동본부에 건강한 한쪽 눈을 죽으면 기증하겠다고 했을 때만큼이나 가슴이 저려온다. 보시布施의 참뜻이 무엇인가를 깨우쳐 주는 그들의 뒷모습이 참으로 아름답지 않은가.

돌아보면 우리 이웃엔 따뜻한 손길을 필요로 하는 이들이 적지 않다. 날씨 탓인지 세상 탓인지 우리는 춥다고 모두가 옷깃을 꼭꼭 여미고 산다. 그러나 어디 내 옷깃만 여민다고 세상 추위가 막아질는지.

내가 좋아하는 사람은 4

휘파람이 나올 것 같은 얼굴이다. 오늘은 내가 먼저 가볍게 목례를 건넨다. 까만 얼굴 가득 입가에 더 큰 미소가 번진다.

출근할 때마다 자신의 앉은 키보다 더 높게 막걸리통을 싣고 다니는 할아버지를 만난 것은 3년 전쯤이다. 언제나 싱글벙글 웃는 얼굴에서 자신의 일에 만족을 느끼는 아름다움이 전해진다. 자신의 일에 만족하듯이 늘 입가에 미소가 떠나지 않는 사람을 보면 무사고 모범운전자처럼 믿음이 간다.

출근시간, 만원 버스에서 이리 밀리고 저리 밀리다가 다른 사람이 발을 밟아도 오히려 밟힌 쪽에서 겸연쩍게 웃으며 "폭신하죠?" 하며 위트를 발휘하는 사람은 몸도 마음도 넉넉해 보여서 좋다.

또 버스에서 모처럼 자리를 잡고 앉았지만 나이 든 할머니를 보면 선뜻 일어나서 자리를 내어 줄 줄 아는 여자는 조선무 같은 다리라도 얼마나 예쁘게 보이는가.

아랫사람이 공들여 만든 보고서가 더러 마음에 들지 않아도 "다시 해 와."라는 권위적인 말투보다는 열심히 살했는데 무엇이 잘못됐으니 다시 한번 해보라는 말로 배려해주는 상사는 존경하지 않을 수 없지 않은가.

직원들이 모두 모인 회식자리에서 윗사람보다 부하 직원의 빈 접시를 먼저 챙겨줄 줄 아는 사람. 그런 사람은 가족을 위해 출세와는 상관없이 묵묵히 자기 몫을 다하는 가장家長처럼 함께 있음으로도 즐거워진다.

함께 간 노래방에서 점수가 잘 나오는 노래만 골라서 부르는 약삭빠른 사람보다는, 어려운 노래라도 자신이 부르고 싶은 노래라면 고음이 올라가지 않아 이상한 소리가 나올지언정 열창으로 끝까지 불러젖히는 사람. 그리고는 혓바닥을 쏙 내밀며 얼굴 붉히는 이는 보면 볼수록 귀엽기만 하다.

모처럼 만난 친구들의 모임에서 분위기를 바꿔보려고 누군가 한마디했는데, 웃기지 않아 오히려 분위기가 썰렁할 때 손뼉까지 치면서 혼자라도 큰소리로 웃어주는 사람. 그래서 눈총받아도 개의치 않는 이는 옳은 일이라면 누가 뭐래도 묵묵히 이끌고 가는 사람처럼 미덥다.

실수로 옆 사람이 커피를 엎질렀을 때 얼른 자기 손으로 막아서 커피가 흘러내리지 않게 해주는 사람을 보면, 기분이 우울한 날 전화로 신나는 음악을 들려줄 줄 아는 친구처럼 센스가 돋보인다.

백화점 세일기간에 마음에 드는 티셔츠를 막 손에 넣는 순간, 또 다른 사람의 손이 같은 그 옷을 집어들었을 때 미소 지으며 양보하는 사람. 천사의 날개를 달아주고 싶을 만큼 마음이 고와 보이지 않는가.

거리에서 자신의 옷과 똑같은 것을 입은 여자를 만나면 오히려 그에게 가벼운 미소를 보낼 줄 아는 이를 보면, 어렵고 이해하기 어려운 책을 다 읽고 났을 때처럼 뿌듯하다.

「파리의 연인」이라는 TV 드라마를 보면서 "박신양 참 멋있다"라고 아내가 말하면 그가 한 대사를 흉내 내면서 "애기야, 같이 놀자." 하는 남자는 철없어 보이면서도 위트가 느껴져 얼마나 사랑스러운가.

갑자기 도로 한복판에서 차의 시동이 꺼져서 움직이지 못할 때, 쳐다만 보기보다는 뾰족구두와 짧은 치마도 아랑곳하지 않고, 제일 먼저 내려서 차를 밀어보자며 자동차 뒤꽁무니를 덥석 잡고 밀 줄 아는 여자. 마치 건설현장에서 만난 여자엔지니어를 보는 것처럼 위대해 보인다.

거리에서 불편한 몸을 이끌고 구걸하는 장애인을 보면, 동전이 많아서 지갑이 무겁다며 그 앞에 동전을 성큼 넣을 줄 아는 사람. 쌀쌀한 날 유리창으로 쏟아져 들어오는 햇살을 만난 것처럼 마음까지 훈훈하다.

얄팍한 지갑을 갖고도 내 삶이 언제나 향기로울 수 있는 것은 이런 잔잔한 기쁨을 주는 사람들 때문이리라. 또 그들이 있기에 오늘도 도시의 팍팍한 콘크리트 건물 안에서 이스트처럼 부푼 말랑한 행복을 누리는 것이 아닐까.

비 오는 날의 삽화挿話

비가 내린다. 아침부터 굵은 빗방울이 창을 사정없이 두드린다. 물리치료를 받으러 병원에 가려면 일찍부터 서둘러야 한다. 그렇지만 비가 오는 날은 하루가 한 달쯤 되듯 더 게을러진다. 외출 채비를 하고 병원으로 향했다.

주차를 해놓고 병원으로 들어서려 할 때, 누군가 나를 부른다. 일흔 살쯤 되었을까. 한 손엔 핸드백을 들고 한 손엔 우산을 들고 나를 새댁이라 부른다. 방금 치료를 받고 나온 듯 뒤적이는 가방 속에 J병원 약봉지가 보인다. 볼펜과 종이를 꺼내더니 K한의원으로 가려면 어떻게 가야 하는지 적어 달라고 한다. 어디 사시느냐고 묻자 대뜸 암

사동이라고 대답을 한다. 청주에 사시는 분이 아닌 것 같아 K한의원을 내가 잘 안다고 선뜻 한의원까지 모셔다 드리겠다고 약속 했다. 그러자 할머니의 얼굴빛이 금방 환해진다. 전에 시어머님이 편찮으실 때 자주 가던 병원이라고 했더니 할머닌 고개를 끄덕이며 두말도 없이 차를 탄다.

한의원으로 가는 길은 굵은 장대비로 마치 안개 속을 뚫고 달리는 것 같았다. 그다지 먼 거리가 아닌데도 오늘따라 백여 리나 되는 듯하다. 차 안의 유리창은 뿌옇게 김이 서리고 윈도 브러쉬는 쉬지 않고 바삐 움직이면서 빗물을 닦아준다. 뒷좌석에 앉은 할머니가 궁금하다. 백미러를 보니 이런 날씨에는 아랑곳하지 않고 할머니는 연방 가방에서 무엇을 찾는지 부산하다.

순간 친구가 한 이야기가 생각났다. 운전을 하고 고향엘 다녀오는데 어떤 할머니가 차를 세우더란다. 머리에 이고 있는 보따리도 무거워 보이고 친정어머니 생각이 나서 선뜻 태워드렸다고 한다. 그런데 모 고등학교 앞에서 대여섯 살 난 꼬마가 갑자기 뛰어들어 급정거를 했단다. 다행히 차는 섰는데, 할머니의 끙끙 앓는 신음 소리가 못내 마음에 걸렸더란다. 왜 그러시냐고 여쭈어보니 목이 아파서 견딜 수가 없다고 병원에 데려다 달라고 하더라나. 그래서 마음고생을 톡톡히 치르고 할머니 치료비까지 물어줬다고 한다. 모처럼 착한 일 좀 하려다가 혼이 났다고 투덜대던 친구의 말이 그 순간 왜 갑자기 생각났을까. 아무나 차에 태우는 게 아니라던 친구의 말이 생각나 혹시 이 할머니도 그런 분은 아닐까 조바심마저 들었다.

빗길이라 더 조심조심 운전을 하며 다시 백미러로 뒤를 살폈다. 신호등에 걸려서 잠시 정차를 하고 있는데 할머니께서 요구르트를 한 병 내민다.

"이거나 한 개 들어요."

"전 괜찮아요, 할머니 드세요."

사양을 하는데도 막무가내다. 이번엔 뚜껑을 따서 또 권한다. 혹시 요구르트에 수면제나 나쁜 약을 탄 것은 아닐까. 엉뚱한 생각이 또 든다. 신문이나 TV 뉴스를 보면 음료수에 나쁜 것을 타서 먹이고 범죄를 저지른다는 보도가 떠오른 것이다. '아니겠지 설마' 아닐 것이라고 고개를 흔드는데 할머닌 내가 또 사양을 하는 줄 알았는지 내 입에 더 바짝 갖다 댄다. 안 먹겠다고 손으로 밀다가 그만 요구르트를 쏟고 말았다. 차라리 쏟기를 잘했다 싶은 내 마음과는 다르게 할머닌 차에다가 쏟았다고 미안해서 어쩔 줄을 모른다. 왜 싫다는데도 구태여 먹기를 강요하는지 할머니에 대한 궁금증이 더했다.

어디 사시느냐고 묻자 무슨 아파트 사는데 무슨 아파트인지 잘 생각이 안 난다고 한다. 누구랑 사시느냐고 물어도 슬쩍 얼버무린다. 암사동은 서울 아니냐고 하니까 그 말에는 맞는다고 고개를 끄덕인다. 이곳 지리를 잘 모르는 걸 보니 청주에 오신 지 얼마 안 되는 것 같다고 하자, 그렇다고 대답하는 소리가 요구르트를 권할 때보다 한결 힘이 빠져 있다. '내가 쓸데없는 것을 물어서 할머니를 힘이 빠지게 한 것은 아닐까.' 한편으론 미안한 생각이 들어 죄송하다고 말씀드리고 싶었다. 고개를 돌려 할머니를 보니 창 밖을 내다보며 뭔가 생각에 잠기셨다.

한동안 할머니는 그렇게 말이 없다. 그러더니 이번엔 차 안의 구석구석을 살핀다. 또 무엇을 찾는지 여기저기 손을 넣어 본다. 무얼 찾느냐고 했더니 아니라고 한다. 잠시 가라앉았던 마음이 왠지 다시 불안해진다. 할머니의 신경을 다른 데로 돌리려고 몇 남매나 두셨느냐고 묻자 못 들은 척하더니 또 가방을 뒤적인다. 점점 더 알 수 없는 할머니라는 생각이 든다. 그러는 동안 한의원에 닿았다. 차에서 내려 할머니가 앉은자리의 문을 열어드렸더니 가늘게 손을 떨고 계셨다. 여기가 K한의원이라고 하자, 내 손을 꼭 쥐더니 고맙다는 말을 여러 번 되풀이한다. 현관문을 열고 치료받고 가시라고 하니까 내 손을 잡고 놓지 않으려고 한다. 그런 할머니의 행동이 영 개운치 않아 또 붙잡기라도 할까봐 얼른 손을 뿌리치고 한의원을 나왔다.

다시 J병원으로 왔다. 물리치료를 받으면서 그 할머니를 생각해 본다. 뭔가를 물으면 대답을 시원스럽게 하지 않는 것이 석연치 않은 할머니라는 생각이 들었다.

치료를 받고 약을 타 가지고 나오다 말고 나는 그 자리에서 한 발짝도 움직일 수가 없었다. 마치 그 곳에 얼어붙은 사람처럼 서 있었다. 분명히 K한의원에 내려드린 할머니가 병원 로비에 앉아 있는 것이 아닌가. '내게 할 말이 있어서 도로 온 것일까.' '아니면 내가 할머니께 무슨 실수라도 한 것은 아닐까.' '그것도 아니라면 또 어디로 데려다 달라고 부탁하러 온 것은 아닐까.' 막았던 물꼬가 터진 것처럼 갑자기 수많은 생각이 머릿속을 가득 메운다. 할머니께서는 나를 보더니 반가운 사람이라도 만난 것처럼 얼굴에 웃음까지 띠며 다가온다. 나는 붙잡고 또 늘어질까 봐 겁부터 났다. 가 봐야 할 곳이 있다고 바쁘다는 핑계를 대고 묻지도 않은 말을 했다. 그런데 할머니가 내 손에 뭔가를 쥐어준다. 꼬깃꼬깃 접은 걸 펴 보니 오천 원짜리였다.

한사코 거절을 하면서 도망치다시피 병원을 빠져 나왔다. 할머니께서 사악한 내 마음을 알아차릴까봐 더 이상 할머니를 마주 대하고 있을 수가 없었다. 왜 하필 그때 그런 생각을 했을까. 앞에서 걸어오는 사람들마저도 나의 이런 모습을 눈치라도 챈 것 같아 혼자 얼굴이 붉어졌다. 왜 나이가 먹어갈수록 마음이 이토록 사악해지는 걸까? 무엇 때문에 남을 그렇게 믿지 못하는 것일까?

집으로 향하는 차 안이 매우 답답하다. 윈도 브러쉬를 최대한으로 빠르게 움직여 본다. 창을 닦고 또 닦는다. 그렇지 않으면 금방 무슨 일이라도 일어날 것처럼 방금 닦은 유리창을 쉴 새 없이 닦아본다. 그래도 여전히 뿌옇기만 하다. 세상이 마치 희미한 흑백 사진을 보는 같다.

재치와 지혜의 언어 처방전處方箋

말솜씨도 타고 태어나는 걸까. 달변達辯이야 못 되더라도 장소나 시기에 맞는 말을 그때그때 적절히 할 줄 아는 사람이고 싶다. 또 좀더 욕심을 낸다면 말 한 마디로 사람을 웃을 수 있게 하는 재치도 있었으면 하는 생각을 할 때가 있다.

어느 모임에 말 잘하기로 유명한 Y선배가 있다. 그 선배는 어떤 자리에서건 우스갯소리도 잘하고 코멘트를 잘한다. 그래서 선배가 가는 자리엔 늘 웃음이 끊이지 않는다. 여자들이 흔히 만나면 예뻐졌다는 소리를 잘한다. 그런데 그 선배는 늘 고수다. 같은 모임의 K선생님이 문을 밀고 들어오자 Y선배는 "정말 눈부십니다." 하는 것이 아닌가. 나이 쉰을 넘긴 K선생님의 얼굴엔 소녀 같은 미소가 몽글몽글 피어났다. 이 얼마나 기분 좋은 소린가. 이렇게 짧은 말 한 마디라도 장소와 시기에 맞게 할 줄 아는 사람을 보면 그 사람을 닮고 싶다.

확실히 말이란 남의 가슴에 못을 박기도 하고 찡그린 얼굴에 꽃을 피워 주기도 한다. 적의敵意에 가득 찬 오해도 말 한마디로 이른 봄 눈 녹듯 풀리는 수가 있다.

– 오화섭, 「마음을 기쁘게 하는 말들」

우리가 살아가는 데 있어서 최고의 도구는 바로 말이다. 말은 하는 방법과 말솜씨에 따라 같은 의미가 달라지기도 한다. 같은 재료와 같은 연장으로 무엇을 만든다 해도 그것을 다루는 장인에 따라 다른 작품이 나오는 것처럼.

내가 수필을 쓴다는 소리를 듣고 한 아파트에 살면서 모 중학교 교사로 계신 분이 일일교사로 초빙했다. 아는 것도, 말주변도 없는 나로서는 거절할 수밖에 없었다. 그런데도 그 분은 막무가내로 권유를 했다. 일 년 전에도 그런 부탁을 해서 나중에 하겠다고 미루었더니 이번엔 꼭 들어주어야 한다며 꼼짝 못하게 한다. 문예반 학생들에게 글쓰기의 경험담을 들려주라는 부탁을 어쩔 수 없이 받아들였다. 같이 간 그 분이 나를 간략하게 소개하자 웅성웅성하던 교실은 갑자기 조용해진다. 40여 명 남짓한 남학생, 여학생이 초롱초롱한 눈망울로 모두 나를 응시하고 있었다. 시간이 갈수록 점점 내 몸은 굳어져만 가는 듯했다.

홍미를 끌 만한 이야기가 없었던 걸까. 학생들은 처음과는 다르게 웅성거리며 떠들기 시작하고 장난을 쳤다. 가르침대로 칠판을 두들기며 주의를 줘도 여전했다. 내 목소리의 톤이 올라갈 대로 올라가도 목만 아플 뿐 전혀 효과가 없다. 식은땀이 흐르는 긴긴 시간이었다.

이럴 때 재치 넘치는 유머러스한 말 한마디 툭 던져서 아이들을 웃음짓게 했으면 하는 생각이 간절했다. 그런데 그 무슨 말인가가 말이 되어서 나오질 않는다. 하는 수 없이 장난이 유난히 심한 남학생을 한 명 일으켜 세웠다. 교실 안은 순식간에 조용해졌다. 무슨 말로 혼내줄까, 아니면 손바닥이라도 몇 대 때려줄까. 내 머릿속은 빠르게 감기를 하는 비디오테이프처럼 수만 가지 생각이 스쳐 지나갔다. 내 입에서 어떤 말이 나올까를 기대하는 아이들 앞에서 과연 무슨 말을 해야 하는지.

"지퍼 열렸네?"

내 말이 떨어지기가 무섭게 그 남학생은 손으로 바지를 가렸고 조용하던 교실은 웃음바다가 되었다. '휴' 하는 내 한숨소리를 아이들은 듣지 못했으리라. 어떻게 45분이 지나갔는지 부끄럽기 짝이 없었다. 교실을 나설 때는 블라우스가 축축했다.

재치있는 말솜씨도 필요하지만 때때로 남을 기분 좋게 하는 말도 자연스럽게 일상 대화처럼 할 수 있으면 좋겠다. 『아바달마구사론』이라는 불경佛經에는 돈 안 드는 일곱 가지 보시에 대해 나온다. 첫 번째는 따뜻하고 부드러운 눈길을 말하는 안시眼施, 두 번째는 부드럽고 사랑스러운 얼굴 표정으로 하는 안시顔施, 세 번째는 언시言施, 따뜻하고 남을 격려해주는 말 그러니까 칭찬이나 축하의 말이라 할 수 있다. 네 번째는 신시身施인데 몸으로 남을 돕는 것, 무거운 짐을 들어주거나 남의 일을 도와주는 것이다. 다섯 번째는 심시心施로 마음속 깊이 진심으로 남을 축하해 주거나 위로해 주는 것이며 좌시座施는 여섯 번째로 버스나 기차에서 자리를 양보하는 것이다. 마지막이 숙시宿施인데 남에게 쉴 장소를 제공하는 것이 마음으로 하는 일곱 가지 보시를 말한다.

내가 부러워하는 대상은 가진 것이 많거나 겉포장이 화려한 사람이 아니다. 언뜻 보기엔 말이 없는 것처럼 보이면서도 가끔씩 던지는 한 마디에 주위 사람들을 웃음짓게 만들 줄 아는 사람이다. 또 같은 말이라도 상대방을 충분히 배려하는 말을 여운처럼 남기는 이가 좋다. 그런 사람을 만나면 예쁜 접시에 담긴 맛있는 음식처럼 바라보는 것만으로도 한결 기분이 가벼워진다.

나는 언제쯤이나 이 눌변訥辯에서 벗어날 수 있을는지. 약사가 처방전을 보고 약을 짓듯이, 적절한 처방전 하나쯤 써 준다면 얼마나 좋을까. 재치도 조금 넣고 지혜도 적절히 섞어서.

추억여행

아침부터 내리는 비는 기억 한편에 묻어두고 살았던 이들을 더 간절히 생각나게 한다. 앙드레가뇽의 피아노 곡 「저녁바람」이 잔잔하게 실내의 소음을 모두 빨아들인다. 20년을 훌쩍 뛰어넘은 시간 전으로 나는 빠져 버린다.

큰돈 들이지 않고 추억여행을 하기 좋은 것이 바로 음악이다. 설레는 마음을 차분하게 하기도 하고 그 시대 유행하던 음악을 들으면 타임머신이라도 탄 듯 그 시절로 돌아갈 수 있게 해 준다.

가끔 남의 차에 동승하고 가다가 좋은 음악을 듣거나 음악사 앞을 지나다가 흘러나오는 곡이 마음에 들면 제목을 물어 곧바로 그것을 사곤 한다. 그러다 보니 우리 집 거실 한 공간은 LP판과 CD와 음악 테이프들로 가득하다.

음악에 대해 전문가는 아니지만 전축이 오래되어 새로 들여놓았다. 요즘은 턴테이블이 없어지고 미니 컴퍼넌트라고 해서 CD와 테이프만 넣어 듣게 만들어 놓았다. 그런데 하루는 외출했다가 돌아와 보니 거실 한 군데가 허전하다. 남편이 이젠 필요 없다고 친구를 줘 버린 것이다. 나에게 의논 한 마디 없이 줬다고 서운해서 이틀 동안 말을 하지 않았던 적도 있다.

흘러간 노래가 생각날 때가 있다. 감수성이 풍부한 한창 때 즐겨 부르던 노래가 유난히 입에서 맴도는 날. 그런 날은 마음이 무겁거나 하던 일이 마음먹은 대로 잘 풀리지 않을 때다. 혹은 누군가 몹시 그립거나 한번쯤 호흡을 가다듬으며 지난 삶을 돌이켜 보고 싶을 때이기도 하다.

추억하고 싶은 일이 있거나 문득 보고 싶어지는 얼굴이 있을 때, 음악사를 찾는 것은 내 오래된 버릇 중의 하나다. 되돌릴 수는 없지만 지나간 노래에서 마주 하고픈 추억을 만난다.

누가 그랬던가. 유행가 가사가 자기의 이야기처럼 들리면 늙는 것이라고 하던 말이 생각난다. 전에는 즐겨 부르지 않던 트로트를 콧노래로 자주 흥얼거린다. 10년 전만해도 여럿이 모인 자리에서 노래 부를 일이 있으면 고상한 척 가곡을 부르곤 했다. 어떤 음악이 좋으냐고 누가 물어오면 브람스를 좋아한다고 서슴없이 대답을 했다. 클래식에 대해서 깊이 있게 알지도 못한다. 그런데 어떤 이가 슈베르트가 어쩌고 바그너가 어떻고 하면, 맘에 드는 노래는 있지만 자신 없어 부르지 못하는 사람처럼 맞장구칠 만한 지식이 부족해 고개만 끄덕이곤 했다.

일요일마다 TV에서 하는 「열린 음악회」를 즐겨본다. 옛날 노래부터 클래식, 가곡 그리고 최근에 유행하는 신세대들의 음악까지 한꺼번에 접할 수 있는 이 프로그램을 좋아한다. 흥에 겨워 카메라가 자신을 찍고 있다는 사실도 모르는 채 열심히 손뼉 치는 사람, 자신에게 포커스를 맞추고 있는 것을 무시하는 척 우아하게 입을 모으는 사람, 추억 속에 잠긴 듯한 눈빛들, 그것을 보노라면 우리의 인생사가 만져진다.

살아감에 있어서 앞만 보고 열심히 사는 사람이 있는가 하면 더러는 체면을 중시하고 남의 이목을 더 중요하게 생각하는 사람도 있다. 또 내가 예전에는 어땠는데, 하면서 지난날을 운운하며 과거를 지나치게 의식하는 이도 있다.

음악을 듣기로는 조용히 혼자 앉아서 듣는 음악이 가장 편하고 좋다. 장르에 관계없이 혼자 흥얼거려 보기도 하고 추억 속으로 푹 빠져들어 볼 수 있으니 얼마나 즐거운 일인가. 주변의 경치가 아름답고 실내장식이 사람의 마음을 편안하게 해주는 그런 곳에서 듣는 음악은 분위기를 돋우어 주기도 한다.

그러나 누군가를 기다리며 다소 산만한 장소에서 듣는 음악은 불편이 좀 따른다. 소음과 뒤엉켜 아무리 좋은 음악이 흘러나온다 한들 그것은 이미 좋은 음악이 될 수 없다. 백화점이나 대형 쇼핑센터에서는 사람이 많은 세일기간에 일부러 빠르고 경쾌한 음악을 들려준다고 한다. 음악이 빠르면 사람들의 행동이 그만큼 빨라진다는 통계다.

내가 음악을 좋아하다 보니 누가 가끔 어떤 노래가 좋다고 하면 그것을 얼른 녹음해서 선물한다. 그러면 받은 사람은 값으로 따지면 별것 아닌데도 두고두고 고맙다는 이야기를 한다.

가끔 여행할 일이 생기면 제일 먼저 챙기는 것이 카세트다. 이어폰을 끼고 내가 좋아하는 음악 테이프를 넣어서 차창 밖으로 펼쳐지는 풍경을 보며 혼자 듣는 것을 나는 제일 좋아한다. 목적지에 닿을 때까지 누구에게도 방해받지 않고 내가 누릴 수 있는 가장 큰 기쁨이기도 하다. 그러고 보니 그런 여행을 해본 지도, 또 그렇게 여유 있게 음악을 들어본 지도 무척이나 오래되었다.

하루 종일 아무것도 하지 못하고 분위기를 돋우어 줄 음악만을 선곡하고 녹음했다. 좋아하는 사람과 한 좌석에 나란히 앉아 가는 여행을 꿈꾼다. 혼자 듣는 음악도 좋지만 가을이 가기 전에 이어폰을 한 개씩 나누어 끼고 앙드레가뇽의 「저녁바람」을 들으며 추억 여행이라도 떠나보고 싶은데…….

2부
곁에 있음으로

곁에 있음으로
고요한 골짜기를 만났을 때
추억, 그 아름다운 수채화
내 안의 2퍼센트
두 달째 되던 날
등산바람
만남
무거운 여자
목욕탕에서
충전이 필요한 이유

곁에 있음으로

주변은 온통 푸른 물이 뚝뚝 떨어질 것 같은 6월이다. 내가 근무하는 곳에는 봄내 피는 꽃과 지는 꽃을 물끄러미 바라볼 뿐 왠지 잎을 틔우지 못하는 나무가 한 그루 있다. 이제나 저제나 잎 트기를 기다렸지만 나무는 점점 빛을 잃어가고 있다. 몇 해 전만 해도 혈기 넘치는 당당한 청년을 바라보듯 파란 하늘을 배경으로 우뚝 선 그 모습에 늘 시선을 붙들리곤 했는데……. 지난해부터인가. 나이든 노인처럼 시름시름 앓아서 물을 주고 비료를 주어도 내 간절한 바람을 외면한 채 시들어갔다. 안타깝기 그지없다.

그런데 어느 날 문득 나를 잡아끄는 것이 있었다. 생명이 다한 나무를 기둥삼아 빙빙 타고 올라가는 또 다른 생명은 다름 아닌 능소화 줄기였다. 죽어서도 어깨를 내어주는 그 나무가 살아있을 때보다 더욱 빛나 보이는 순간이다. 죽은 나무는 이제 아무런 쓸모가 없으려니 생각했는데 다른 식물의 받침대가 되어주는 그 나무가 단지 나무로만 보이지 않던 날이다. 마치 죽어가면서도 다른 이에게 생명을 주듯 장기를 기증한 사람처럼 위대해 보인다.

사진을 찍어 본 사람은 안다. 주위의 배경과 찍고자 하는 사물이 조화를 이루었을 때 좋은 사진이 된다는 것을. 때때로 푸름 속에 갇혀 있는 나무보다 파란 하늘을 배경으로 홀로 서 있는 나무가 더욱더 아름다워 보이고 돋보일 때가 있다. 더러는 노을 진 하늘에 드리워진 나무가 한없이 초라해 보일 때도 있다. 곁에 어떤 것이 있느냐에 따라 돋보이게도 하지만 추악하게 할 수도 있다.

재주가 뛰어나지도 않고 그렇다고 언변이 좋거나 내세울 만한 특기도 없는 나를, 옆에 있음으로 해서 빛나게 하는 사람이 있다. L은 어디서든 나의 배경이기를 주저하지 않는다. 본의 아니게 주연이 된 나는 L과 함께 있으면 빛이 났다. 자신을 낮추고 남을 돋보이게 하는 재주는 그만이 가지고 있는 장점이다. 처음엔 그것이 그 사람의 성격인 줄 알았다. 그러나 그것은 삶속에 그의 생활이었다. 누구나 그렇듯이 나 역시 조연보다는 조금이라도 더 눈에 띄는 주연이 좋다. 배경보다는 전경이 좋아서 볼록렌즈의 시선을 더 받고 싶다. 다소 이기적이고 남이 나를 알아주길 바라는 것이 내 단점이라는 것을 나는 잘 안다. 그럼에도 불구하고 그것을 탓하지 않으며 그로 인해 입었을 마음의 상처가 있을 법도 한데 그는 언제나 한결같다.

분위기를 맞추어야 할 때는 그가 먼저 나서서 무드를 조성하고 뒤로 쏙 빠지고 나를 밀어 넣는다. 함께하는 모임에서 내가 꼭 필요한 존재가 아님에도 빠지면 재미없다고 동참하길 재촉한다. 그래서 어딜 가나 함께 있으면 오히려 나에게 스포트라이트를 더 강하게 받게 해 주는 좋은 배경이 되어 주곤 한다.

언젠가 볕 좋은 봄날, 냉이 캐러 가자는 내 제의에 성큼 따라 나섰다. 열심히 캤지만 두 손에 모아 쥘 만큼밖엔 캐지 못했다. 밭둑에 앉아서 냉이를 다듬는데 노인 한 분이 심심한지, 말벗이 필요한지 곁에 앉는다. 이런저런 이야기 끝에 냉이를 다 다듬고 서둘러 자리를 털고 일어섰다. 그런데 L은 된장국 한 번 끓여 잡수시라며 싫다는 할머니께 한 움큼을 선뜻 드린다. 따스한 햇살을 받은 그의 손이 마

더 테레사 수녀의 거룩한 손처럼 빛나 보인다. 후배지만 내가 배워야 할 점이 더 많다.

그의 웃음소리에서 나는 카메라 셔터의 '찰칵' 하는 맑은 음을 듣는다. 그래서 L과 함께 있으면 사진을 찍을 때마냥 파란 하늘을 배경으로 그 앞에 내가 서 있는 것 같은 착각을 받는지도 모르겠다. 기분 좋은 사람과 함께라면 카메라 앞에서처럼 '치즈' 하고 일부러 미소 짓지 않아도 자연스런 웃음이 배어나오나 보다.

검은색이 노란색과 어울렸을 때 주목성이 더 강한 색으로 태어나고 아무리 휘황찬란한 네온사인도 어둠 속에서라야 그 빛을 발한다. 또 바다를 배경으로 날고 있는 갈매기가 바다로 인해 한결 돋보이듯이. 그런 후배를 보면서 나는 누구의 배경이 되어준 적이 있는지 혼자 얼굴이 붉어지곤 한다. 곁에 있음으로 해서 즐거워지는 사람이 있다. 또 마주칠까 두려운 사람도 있다.

능소화는 흐드러지게 피어 화려함을 자랑하는데, 꾸부정한 노인의 뒷모습으로 지주목이 되고 있는 벚나무가 오늘따라 그 곁에서 참으로 눈부시다.

고요한 골짜기를 만났을 때

생각만으로도 기분 좋은 사람이 있다. 어린 시절, 그렇게 신고 싶던 구두를 장만하고 그것을 바라만 봐도 흐뭇해지던 기억처럼.

가슴을 두근거리게 하지는 않지만 은근히 나를 미소 짓게 하는 사람, 기도해 주고 싶어지는 그런 사람이 있다. 고희古稀를 바라보는 나이임에도 불구하고 인터넷을 마음대로 할 줄 아는 보기 드문 멋쟁이다.

내가 그 분을 처음 뵌 것은 얼마 전이다. 밀려오는 졸음을 쫓으려고 내가 일하고 있는 충북 청원군 문의문화재단지를 한 바퀴 돌고 내려올 때다. 연세가 지긋해 보이는 서

너 분이 장승 앞에서 열심히 푯말을 들여다보고 있다.

뒤로 살짝 다가가 간단히 내 소개를 했더니 이곳은 처음이라며 설명을 듣고 싶다고 한다. 초가집을 설명할 때는 모두들 고향 생각을 하는지 대청마루에 걸터앉아 어머니 생각난다며 선뜻 일어서질 못한다. 마루에 놓여 있는 다듬잇돌을 어루만지기도 하고 콩닥콩닥 방망이로 두들겨 보기도 한다. 또 마당 한 모퉁이에 있는 절굿공이를 들어 빈 절구질을 해보기도 한다. 아무것도 없는 맷돌을 드르륵 드르륵 돌리면서 서로 말은 없어도 그 순간만큼은 그리운 어머니 생각이 간절한 모습이다. 재촉하는 내 말에 일어서기는 했지만 따라나서는 발길에는 아쉬움이 가득 묻어 있다.

문산관은 조선시대 현종 때 지어진 건물이다. 그 곳에 올라 땀을 식히며 현종의 비妃 명성왕후 야사를 나만의 익살을 섞어 이야기했다. 등에선 땀이 흘러도 행동 하나 표정 하나를 놓치지 않으려는 분들 앞에서 대충대충할 수 없었다. 문산관에 새겨져 있는 글씨를 보고 누구의 글씨냐고 물어온다. 그것까지는 생각 못했는데 이렇게 가끔 의외의 질문을 하는 분들이 있다. 그럴 때는 죄송하다는 말과 함께 다음에 꼭 알려드리겠다고 한다. 또 나중에 찾아오시는 다른 분들을 위해서라도 꼭 알아놓겠다는 말로 대신한다.

문화유물전시관까지의 설명을 마치고 밖으로 나왔다. 더운 날씨에 보잘것없는 사람들을 위해 설명해줘서 고맙다고 박수까지 쳐주는 것이 아닌가. 답례로 글을 하나 주고 싶다고 한다. 글 쓰시냐는 내 물음에 추사체秋史體를 연구하신다고 한다. 왜 그렇게 글씨에 관심이 많았는지 알 수 있었다. 명함을 주면서 내게도 한 장 달라고 해서 드렸더니 주소까지 적어 달라는 것이 아닌가. 전에도 그랬듯이 설명을 해주고 나면 그냥 가기가 미안해서인지 가끔씩 이렇게 고맙다는 편지라도 한 장 써 보낸다는 분들이 있다. 그 분들이 양성문 밖을 나설 때까지 공손하게 인사를 했다. 네 사람 중 한 분은 인상이 어디선가 본 듯 유난히 머릿속에 오래도록 남는다.

그 얼굴이 잊혀져갈 때쯤 한 통의 이메일을 받았다. 뜻밖에도 글씨에 관심이 많던 넉넉한 인상의 그 분이다. 뜨거운 날씨에도 불구하고 최선을 다하는 태도가 고마워 작품을 하나 보냈다고 한다. 커다란 화선지에 정성이 박힌 글씨가 눈에 들어온다. 글씨를 한 자 한 자 손으로 만져보았다. 정성이 기득 담긴 그 글을 바라보고 있노라니 잔잔한 감격이 나를 뒤흔든다.

畵法有長江萬里 書勢如孤松 一枝- 그림 그리는 법에는 양자강 일 만리가 들어있고 글씨의 뻗침은 한 외로운 가지 같네

-추사 김정희, 詩

봉투 안에는 작품 설명과 함께 서예가가 되기까지의 사연이 담겨 있다.

간혹 해설은 필요 없다, 관리가 허술하다, 문화재를 옮겨다 복원해 놓는 것만이 능사能事가 아니라며 호통을 치는 사람을 만날 때도 있다. 또 불고기판까지 들고 와서 냄새 피우며 고기 굽는 한심한 사람들을 더러 만난다. 문화유적지를 유원지로 착각하는 사람들이다. 그런 행동을 자제해 달라고 하면 내가 낸 세금으로 운영하는데 어떠냐는 식으로 상스런 언행도 마다않는 관광객, 조금만 소리가 커지면 인터넷에 올려버리겠다고 으름장을 놓는 사람도 만난다. 그럴 때면 마치 생선의 맛있는 부분은 놔두고 하필 쓸개를 맛본 것 같은 기분이다. 그러나 비판적이고 부정적인 사람들이 더 많으면 어떠랴. 나의 눌변訥辯을 끝까지

들어주며 박수 보내주고 우리 문화재에 대해 다시 한 번 생각할 수 있는 좋은 기회였다는 분들이 있기에 내 발걸음은 더 가볍다.

그날 나는 그 작품을 오래도록 가슴에 안고 내려놓을 수 없었다. 왜 그토록 인상이 오래도록 남았는지 이제야 알 듯하다. 작품 맨 끝의 호가 뚜렷이 마음에 와 닿는 것도 아마 그분의 모습과 잘 어울려서이리라.

산을 오르다 만나는 고요한 골짜기. 그 곳에는 햇살과 함께 그늘이 있고, 신선한 공기와 바람이 있어서 더 좋다. 투명한 햇살을 받아 반짝이는 쭉쭉 뻗은 나무들이 길게 이어져 있고, 그 아래 맑은 물이 졸졸졸 흐르는 곳. 이런 계곡을 만나면 편안함과 자유로움을 한껏 품어볼 수 있어서 생각만 해도 기분이 좋아진다.

답례의 표시로 내 수필이 담긴 책 두 권을 넣고 감사의 마음을 하얀 종이에 손으로 써 넣어 보냈다. 또 메일로 손을 대면 금방이라도 푸르게 물들 것만 같은 하늘에, 뭉게구름이 둥실 떠 있는 영상과 시를 넣고 음악도 한 곡 담아 고마움을 표했다.

메일을 열자 낯익은 그 분의 이름이 눈에 들어온다. 제목이 자운慈雲으로 되어 있다. 혹시 필명筆名이나 호號

가 필요하지 않을까 싶어 3박4일을 꼬박 생각해서 만든 호가 자운이란다. 혹시 호가 있더라도 하나 더 생겼다고 생각하고 받으라고. 그러면서 추사 김정희는 호가 무려 200여 개나 되었다는 말까지 덧붙였다. 혹 마음에 들지 않으면 어쩌나 하는 그 분의 조바심 담긴 글이 길게 여운을 남긴다.

밀쳐 두었던 원고지를 꺼냈다. 초고를 끝내고 망설일 것도 없이 이름 옆에 자운이라고 붙였다. 손오공이 구름을 타고 세상을 돌아다닐 때도 이런 기분이었을까. 고요한 골짜기를 떠올려본다.

추억, 그 아름다운 수채화

길 양 옆으로 코스모스가 부는 바람을 안고 가냘프게 흔들린다. 정겨운 그 모습에 속도를 줄이며 바라보다가 이내 가장자리에 차를 세우고 섰다. 꽃잎을 만지는 내 손이 가늘게 떨린다.

초등학교 동문 체육대회가 열리는 날이다. 오늘은 그동안 나오지 않았던 친구들도 많이 나올까, 가끔 기억을 비집고 들어서던 몇몇 친구를 떠올려 보며 엷은 기대 속에 집을 나선다. 지금은 나이 마흔이 훨씬 넘어 희끗희끗한 머리가 더 잘 어울리는 중년의 동창생들.

말은 좀 거칠게 하지만 그래도 시원시원한 말투가 유쾌

한 K, 머리숱은 적지만 그것이 오히려 더 당차고 씩씩해 보이는, 그래서 휴대폰 컬러링까지도 「대머리총각」으로 할 만큼 낙천적 성격인 S, 만날 때마다 여자 동창들의 이름을 부르지 않고 아줌마라고 해서 미운 털 박힌 P, 또 한 치의 흐트러짐 없이 반듯한 공무원으로 빛을 발하는 H, 소꿉장난하는 것처럼 살면서 동창들의 부러움을 자아내는 J와 H. 그들은 마치 현악기처럼 서로 다른 소리가 어울려 아름다운 선율을 만들어 내듯이 동창끼리 결혼해서 조화로운 결혼소야곡을 들려주는 부부다. 왕눈이 S, 숯 검댕이 눈썹 L, 이른 아침 단잠에 빠졌을 때 들리는 경운기 소리가 싫어서 죽어도 시골로 시집가지 않겠다고 노래하던 G, 결국 소원대로 넥타이 매고 일하는 공무원과 결혼해서 남매를 낳고도 부족한지 늦둥이를 하나를 더 낳았다. 유머와 재치로 이름난 C, 고깃집 사장님으로 친구들에게 늘 맛있는 고기를 대접하는 B. 별명이 활명수였던 H. 지금쯤 한창 소리 높여 응원하고 경기도 하면서 오지 않은 친구들을 기다리고 있으리라.

모랫재 고개를 넘자 휴대폰이 울린다. 차를 운전하고 오는 거냐, 아니면 기운 세다고 끌고 오느라 늦느냐며 그녀

특유의 유머로 나를 유쾌하게 하는 P다. 전화를 끊고 차의 속력을 냈다. 오색 풍선이 휘날리고 ○○ 초등학교 동문체육대회라고 써 놓은 플래카드가 눈에 들어오자 가슴이 마구 뛴다.

나는 어느새 열세 살 단발머리 계집아이가 되었다. 고무줄 폴짝폴짝 뛰어 넘으며 동요를 부르고 손이 트는지도 모르고 땅따먹기 놀이에 정신을 빼앗기고 있었다. 어디선가 까르르 웃는 친구들의 웃음소리도 들리고 그때 하늘은 푸르기만 했는데……. 이제는 아슴한 옛 추억으로만 남은 그 기억들을 더듬어 본다.

운동장 가득 사람들이 모여 61회 졸업생들이 어디 있는지 찾기가 쉽지 않았다. 그 때 61회라는 글씨가 번쩍 띈다. 늦어서 미안하다는 말로 대신하며 내 눈은 레이더라도 달린 것처럼 친구들을 한바퀴 쭉 훑었다. 보이지 않는다. '올해도 오지 않았구나.' 서운한 마음과 실망이 뒤엉켜 그냥 돌아가고 싶었다.

그 때 누군가 어깨를 툭 치며 내 이름을 부르더니 손을 덥석 잡는다. J였다. 여자애들이 치마를 입고 오는 날은 영락없이 치마를 들어올리고, 고무줄놀이할 때면 고무줄을 끊고 줄행랑치던 J. 그의 이마에도 훈장처럼 주름살이 잡히고 흰머리가 훨씬 더 많은 모습에 그전의 개구쟁이 같은 모습은 어디에서도 찾아볼 수 없었다.

33년이란 세월은 참으로 많은 변화를 가져다주었다. 초등학교 시절 같으면 남자들이 조금만 귀에 거슬리는 소리를 하거나, 별명을 부르면 쫓아가서라도 싸울 텐데 씽긋 웃고 마는 그 여유로움. 어쩌면 각기 다른 삶을 살아온 그 시간이 주는 서먹함도 있을 법한데 그런 것조차도 뛰어넘을 수 있는 나이가 된 것일까. 또한 성性이 다른 사람들끼리 이름을 불러도, 또 별명을 불러도 부담스럽지 않다. 그것은 아마 철부지 적 땟국물 줄줄 흐르고 보이고 싶지 않은 내 허물까지도 모두 알고 있는, 어린 시절을 한 고향에서 보낸 것 때문이리라.

5학년 때 내 짝꿍이었던 K. 그는 자그마한 체구를 아직도 자랑하며 술 좋아하는 애주가로 변해 있었다. 술이 얼근해지자 내 곁으로 슬며시 다가오더니 너한테 옛날에 참 못할 일 많이 했지, 하며 씽긋 웃는다. 책상에 금 그어놓고 넘어오면 죽인다고 주먹까지 불끈 쥐면서 나 협박했잖아, 하니까 머리를 긁적이며 웃는 모습이 아직도 열두 살적 친구다.

배구가 결승까지 올라가고 우리는 남자 동창들의 뒤에

서 이렇게 큰 소리를 언제 질러 봤던가 싶게 있는 힘껏 목청 돋워 응원을 했다. 거기에 힘을 입어서인지 마흔 중반의 나이에도 훨훨 난다. 지천명知天命에 더 가깝지만 세월은 우리의 겉모습만 변모시켰을 뿐 마음까지 주름지게 하지는 못했나 보다. 그런 저런 생각으로 들뜬 마음 가라앉히며 응원에 더 힘을 싣는다. 우승했다는 기쁨으로 꽹과리 두드리고 알코올 기운이 거나해지자 우리는 교정에서 유행가를 소리 높여 부르며 동심으로 돌아갔다. 흥에 겨워 몸을 이리저리 흔드는 친구들의 모습이 코스모스같이 정겹다.

추억이 줄 수 있는 것은 우리들에게 정서적인 어떤 기쁨만이 아니었다. 때로는 온 세상을 다 줄 수 있을 만큼의 선물이기도 했다. 많은 시간이 흘렀음에도 어린 시절 추억을 놓을 수 없는 것은 그만큼의 순수한 마음이 가슴 한 편에 자리하고 있기 때문이리라. 나를 기억해주는 친구들이 있고 또 내가 축복해주고 싶은 친구들이 있다.

그래서 나는 아직도 내 가슴에 추억의 붓으로 어린 날 한 편의 수채화를 그리고 있는지도 모른다.

내 안의 2퍼센트

요즘 내가 출근하는 곳은 전쟁터를 방불케 한다. 하루 8백 명에서 천여 명을 안내해야 하는 이곳은 매일 큰 소리와 욕설이 오고간다. 상대방이 큰 소리를 내도 나는 같이 목소리를 높일 수 없고 웃음을 잃지 않아야 한다. 그쪽에서 욕을 해도 나는 죄송하다는 말과 긍정하는 말로 그들을 달래야 하는 입장이다.

9시에 출근을 하자 셔틀버스를 타는 관광안내소 앞에는 벌써 20여 명의 사람들이 줄 서서 문이 열리기를 기다리고 있다. 문을 열자 순식간에 세 평 남짓한 사무실이 사람들도 가득 찬다. 컴퓨터를 켜고 마이크에 전원을 넣는다. 그리고 줄서기를 부탁하자 서로 내가 먼저 왔네, 네가 더 늦게 왔네 하며 소란이 벌어진다.

하루에 같은 말을 방송으로 혹은 대화로 반복하는 것이 오늘이 열흘째다. 인터넷으로 예약한 사람들은 관광안내소에서 승차권으로 바꾸어 승차해달라는 말을 평소보다 더 부드럽게 한다. 아울러 예약하지 못한 사람들은 선착순으로 대기자 명단에 이름을 올려놓고 기다려달라고 하면서 최대한 듣기 좋게 말을 한다. 미처 방송이 끝나기도 전에 자기들 이름을 큰소리로 부른다. 받아 적으라는 뜻이다. 이름을 적느라 쳐다보지 않으면 나를 손으로 쿡쿡 찌르는 사람도 있다. 그런가하면 옷을 잡아당기기도 하고 웅성웅성하는 소리보다 더 큰 소리로 고함치듯 하는 이도 있다.

사무실이 혼잡하니 이름을 부르거든 그 때 차를 타면 된다고 또 한 번 청을 한다. 그래도 자리를 뜨는 사람은 많지 않다. 사무실 안에 그대로 남아 우리들의 일거수일투족을 지켜보면서 나가지 않는다. 다시 같은 말을 해도 역시 막무가내로 그들은 버틴다.

인터넷으로 예약한 사람에 한해서 9시40분부터 20분 간격으로 하루에 20차례씩 오후 4시까지 셔틀버스를 운행한다. 개인차량이나 인터넷 예약을 하지 않은 사람은 들어갈 수 없게 통제를 하다 보니 불만의 목소리가 높아지고 있다.

청남대는 충청북도 청원군에 위치해 있다. 청원군의 문화해설사로 나는 요즘 이 곳에 파견근무를 한다. 짧은 기간이지만 별의별 일이 다 일어나고 천태만상의 사람들을 만날 수 있는 자리이다.

예약을 하지 않고 온 분들 중에는, 컴퓨터 못하는 사람은 청남대 구경도 못하느냐며 목청 높이기를 주저하지 않는다. 그리고 예약해 놓고 사정이 생겨 못 오게 되면 미리 취소를 해야 하는 것이 예의일 것이다. 그런데 예약 못한 사람을 배려할 줄 아는 예약 문화가 아직 우리에게는 갈 길이 멀게만 느껴진다.

예약하고 시간이 되어도 오지 않는 사람이 많을 경우 버스의 좌석이 비어서 가는 경우가 생긴다. 그래서 그 좌석에 일찍부터 안내소에 와서 기다리고 있는 분들을 태우기 시작했다. 먼 섬에서 대통령의 별장을 보겠다고 하루 전날 와서 하룻밤 자고 아침 일찍부터 기다려 가기를 원하는 사람들을 태워 주었다. 그렇게 구경을 하고 간 사람들이 돌아가서 입소문을 내기라도 한 걸까. 언제부턴가 예약도 하지 않고 무작정 오는 분들이 하나, 둘 늘기 시작했다. 그래서 개방 한 달 만인 요즘 이른 아침부터 대기하고 있는 사람들을 빈자리에 태우다보니 그 인원이 하루 평균 2백여 명에 이른다.

시골에서 농사를 짓는 듯한 나이 지긋한 분이 좀더 연세가 드신 분의 손을 꼭 잡고 사정한다. 연로한 부모님을 모시고 왔다며 돌아가시기 전 효도하는 기분으로 모시고 왔으니 구경을 꼭 시켜달라고 연방 굽실거린다. 그런 사정을 거절하기엔 내 마음이 모질지 못하다. 눈치 빠른 한 사람이 드디어 눈짓을 보내는 우리를 발견하고 거세게 항의를 하며 달려든다. 그 분을 내리게 하고 다시 순서대로 불러 승차를 시키고서야 험악했던 분위기가 사그러진다.

잠시 잠잠한가 싶었는데 이번에 큰 소리를 내는 사람은 아주 달랐다. 어제 끝날 무렵 왔더니 내일 오라고 해서 왔는데 무조건 태워달란다. 술까지 마시고 왔는지 말을 할 때마다 알코올 냄새가 코를 찌른다. 지금은 막차 한 대밖에 남지 않아서 대기하고 있는 사람들 먼저 태워드려야 한다고 하자 욕이 먼저 터져 나온다. 신분증을 목에 걸고 있는 나로서는 대단한 인내심을 필요로 했다. 옆에 있는 동료가 왜 욕을 하느냐고 하자, 어디다 대고 ○○이 인상을 쓰느냐면서 의자라도 집어던질 기세다.

사태를 겨우 수습하고 다시 웃는 얼굴로 방송을 했다. 방송이 채 끝나기도 전에 누군가 나를 쿡쿡 찌른다. 돌아보니 허리가 60도쯤 굽은 노인이다. 음료수 세 병을 불쑥 내밀면서 구경 잘했다며 겸연쩍은 웃음을 짓는다. 감사하다는 인사를 하고 단숨에 벌컥벌컥 들이켰다. 투명한 2%가 들어가자 방송 목소리가 더욱 맑아지고 부드러워진다. 소금 3%가 바닷물을 썩지 않게 하듯이 내 안의 2%가 아마도 내가 미소를 지을 수 있게 지탱시켜 주는 힘인지도 모르겠다. 가끔 가슴 따뜻하게 이런 감동을 선물하는 분들이 있다.

늘 전쟁터를 방불케 하는 곳이지만 미소보다 더 좋은 작전은 없다. 오늘도 나는 참는 연습을 하며 방송을 한다. 최대한으로 상냥하고 부드럽게. 그리고 거기에 입 꼬리를 살짝 올려 김치~할 때처럼 미소까지 덤으로 얹어.

두 달째 되던 날

문의 문화재단지로 향하는 이 기분은 누가 시켜서 한다면 맛볼 수 없는 즐거움이다. 문의는 대청 호수를 끼고 있어서 경치를 즐기려는 이들을 더욱 사로잡는 곳이다. 눈부신 가을햇살이 수면에서 은빛으로 부서지고 한가롭게 날아다니는 백로가 마치 하얀 나비처럼 멀리서 나풀거린다. 호숫가에는 갈대가 춤을 추고 무대처럼 꾸며놓은 산등성이엔 눈부신 억새가 파도치듯 한다.

이곳으로 출근한 지가 벌써 두 달째이다. 문화재단지는 1982년 대청댐이 건설되면서 수몰된 문화재를 양성산 기슭으로 이전해서 복원해 놓은 곳이다. 여기서 내가 하는 일은 관광객을 위해 우리나라의 전통문화에 대해 알기 쉽게 설명해 주고 안내하는 일이다.

처음엔 남 앞에 서는 일이 퍽 어색하고 쑥스러웠다. 더구나 나는 낯가림이 심한 편이라 처음 보는 사람 앞에서는 표정부터 굳는다. 또 당황하여 할 말을 정작 깜빡깜빡 잊기도 한다. 두 달이 넘은 이제야 겨우 말도 자연스레 나오고 농담을 섞어서 간혹 사람들의 웃음을 유도하는 여유도 생겼다.

이곳을 찾는 사람들은 다양하다. 초가집을 TV로밖에 본 적이 없다는 유치원생들. 또 내가 저기 저런 가마 타고 시집왔는디, 하는 할머니도 있다. 그런가 하면 저 농기구가 무엇을 했던 것인지 아느냐고 오히려 내게 반문하는 사람도 있다.

문산관은 옛날 지방 관리들의 숙소로 또 중앙에서 내려온 관리들의 객사로 쓰였던 곳이다. 지금으로 말하면 영빈관 같은 곳이다. 문산관 외에도 양반가옥과 일반 민가가 있는데 그 곳에는 사람이 살지 않는다. 다만 조선시대의 집 형태를 그대로 복원해서 농기구나 옛사람들이 쓰던 물건들을 전시해 놓았다. 그래서 아이들에게는 조상의 숨결을 느낄 수 있게 해 주고 연세가 지긋하신 분들에게는 지나온 삶을 추억할 수 있는 여백을 만들어 주기도 한다.

그리고 국내 유일의 전통기와박물관이 있다. 삼국시대의 기와는 물론 조선시대의 기와까지 200여 점이 전시되어 각 시대별 특징을 한눈에 알아볼 수 있도록 되어 있다.

두 달째 되던 날, 일본 대학생 40여 명이 방문했다. 통역하는 분이 같이 동행해서 내가 한마디하면 그 분이 일본어로 통역을 했다.

마침 역사 교과서 왜곡 사건으로, 신사참배로 가뜩이나 일본에 대한 감정이 좋지 않은 형편임은 나도 예외일 수 없다. 옛말에 미운 놈 떡 하나 더 준다고 했다. 그렇다. 나그네의 옷을 벗긴 것은 강한 바람이 아니고 뜨거운 태양이다.

그들 앞에서 나는 기꺼이 활짝 웃는 해님이 되었다. 우리나라 사람들에게는 하지 않았던 지게도 져 보면서 그들에게도 지게를 져 보라고 권했다. 또 다듬잇돌로 다듬이질하는 모습을 재연했다. 양반가옥 앞에서는 연극배우가 되었다. 뒷짐을 지고 '이리 오너라.' 하면서 큰 소리로 거만한 한국 양반이 되어 일본인들을 쳐다보고 하인을 부르듯 열연을 했다. 그들이 무슨 말을 주고받는지 알 수는 없지만 재미있어 하는 것은 표정만으로도 느낄 수 있다.

때마침 회갑잔치를 마친 가족들이 한복을 갖추어 입고 나들이를 왔다. 한 분에게 양해를 구해 일본 대학생들에게 한복 저고리와 치마, 버선과 고무신에 대해서도 이야기를 해 주었다. 그들은 같이 사진을 찍을 수 있게 해 달라고 부탁을 해 왔다. 그 분들도 흔쾌히 승낙해 주었다.

그네를 뛰는 곳으로 자리를 옮기자 그들은 한번 해보고 싶다며 눈에 빛을 낸다. 또 널뛰기를 가르쳐주자 어설프지만 흉내를 내면서 소리 치고 즐거워하는 모습은 우리네와 크게 다르지 않았다. 널뛰기를 잘하지 못하는 자기네들끼리는 재미가 없는지 자꾸만 나를 잡아끈다. 어지럼증이 있는 나는 썩 마음이 내키지 않았다. 그렇지만 나는 내 스스로가 따스한 태양이 되길 자처하지 않았던가. 그래서 어릴 적 국수를 밀던 판을 놓고 뛰다가 부러뜨렸던 실력을 유감없이 발휘했다. 그들은 한두 번 구르다가 이내 나가떨어지고 하면서도 나이 많은 나에게 지기 싫었던 것일까. 넘어지기를 몇 번씩 반복한 끝에 방법을 터득한 것인지 제법 힘이 느껴졌다. 나는 잠시 나이도 생각지 않고 있는 힘을 다해 발을 세게 굴렀다. 그들이 한창 나이인 20대이지만 해보지 않은 널뛰기였다. 한 명, 두 명, 열 명 이상이 떨어져 나갔다. 내가 숨을 헐떡이자 그들은 박수를 치고 '아리가도 고자이마스'를 외쳤다. 등이 축축이 젖어도 마음은 널을 뛸 때처럼 하늘을 향해 마냥 오르는 기분이다.

그 중에 한 남학생이 통역을 통해서 영원히 기억하겠다는 말을 했다. 그리고 가방에서 빨간색 수가 놓인 지갑을 꺼내 내게 주었다. 감사의 표시로 주고 싶다고 한다며 통역을 해 준다. 돌아가면서도 그들은 뒤돌아서서 몇 번씩 나에게 손을 흔들어 주었다.

이제 막을 내릴 시간이다. 어느새 양성산을 밝게 비추던 조명은 서서히 붉은 색으로 변해가고 있다.

등산 바람

"선배, 산 빛 좀 봐요. 차암 아름답지요."

후배의 전화에 베란다 창을 열고 바라본 산은 하루가 다르게 푸르러 가고 있다. 무엇이 그리 바쁜지 고개 들어 산 한번 쳐다볼 여유도 없이 살고 있다. 전화하던 끝에 당장 그 초록빛을 만나지 않으면 안 될 것 같아 약속을 했다. 촉박한 시간 때문에 입은 그대로 약속 장소로 향했다.

요즘 우리에게는 등산 바람이 한창이다. 향토 기행 전문가 K의 설명으로 상당산성의 역사적 유래와 주변의 산줄기 등에 대해서 들을 때마다 새록새록 재미가 난다. 옛 사람들이 자연과 어떻게 어우러져 살았는지 관심도 높았다.

거기에 우리의 시선을 붙잡고 놓지 않는 제비꽃, 양지꽃, 으름꽃, 조팝꽃에 이끌려 산에서 내려가는 것을 잊은 사람들 같았다. 자신이 평발이라 오래 걷거나 쉽게 지치는 것도 잊고 L은 이번 봄 내내 산에 가자고 채근을 했다. 나 역시 발뒤꿈치가 아파서 등산이라면 고개부터 절로 흔들어질 만큼 내키지 않았다.

청주 시민이라면 적어도 한두 번쯤은 오르내렸을 우암산. 산 입구에서 우리를 먼저 발견한 것은 애기똥풀이다. 나도 아는 꽃이라 반가워 알은척 했다. K는 그것을 꺾어서 내 손톱에 매니큐어 칠하듯 곱게 칠해 준다. 손톱이 금세 노르스름하게 물든다. 무리지어 핀 그 꽃을 보자 나도 모르게 손이 간다. 내가 꽃을 꺾자 K는 왜 꺾느냐고 야단이다. 그러면서 거기 있게 두지, 스스로 잘 자라는 것을 왜 꺾느냐고 한다. 그 말에 기가 한 풀 꺾인 내게 후배는 시를 한 편 읊어준다.

나 서른다섯 될 때까지
애기똥풀 모르고 살았지요
해마다 어김없이 봄날 돌아올 때마다
그들은 내 얼굴 쳐다보았을 텐데요

코딱지 같은 어여쁜 꽃
다닥다닥 달고 있는 애기똥풀
얼마나 서운했을까요

애기똥풀도 모르는 것이 저기 걸어간다고
저런 것들이 인간의 마을에서 시를 쓴다고

-안도현, 「애기똥풀」-

이런 시가 어쩌면 자연에 관심을 가지게 하는 단초端初가 되는 것이 아닌가 싶다. 가만히 귀 기울이니 산새의 지저귐이 들리고 눈을 뜨니 들꽃의 평화스러움도 보인다.

K의 설명을 듣고 있노라면 나는 초등학교에 갓 입학한 학생이 된다. 호기심 어린 눈으로 설명을 듣다보면 K의 얼굴은 진지함이 가득하다. 평소에 보지 못한 그런 진지한 서당 훈장의 얼굴이라고나 할까.

전에는 눈 한번 마주치지 않던 작은 들꽃이었지만 혹시 내 발에 밟힐까 봐 조심스럽게 발걸음을 옮긴다. 누군가가 나그네의 발길을 멈추게 하는 것은 크고 화려한 꽃이 아니라 작고 여린 들꽃이라고 했다. 자세히 들여다보면 싫증나지 않고 더 예쁜 것이 들꽃이다.

봄꽃은 추위를 견디고 피기 때문에 더 아름다운 것 아닐까. 그래서 산을 오르는 이들에게 위안이 되고 또 발길을 멈추게 할 수 있는 위력을 지닌 것이리라. 사람의 관계도 어려울 때 힘이 되어 준 사람은 더없이 소중하듯이.

선후배 사이로 만난 우리는 서로를 있는 그대로 인정해 주고 때로는 영혼을 맑게 헹구어 주기도 한다. 더러는 뜨거운 시선으로 차갑고 날카로운 충고도 서슴지 않는 내가 아끼는 후배들이다. 그래도 서운한 감정보다는 고개를 먼저 끄덕일 수 있는 사이이다.

내 발걸음이 무거워 보였는지 K가 성큼 손을 잡아준다. 저만치에서 대여섯 살 난 아이의 키만큼 자란 찔레 순이 손을 흔든다. 가까이 가니 풋풋한 찔레 냄새가 우리를 동심으로 몰아넣는다. 내가 먼저 「찔레꽃」이란 노래를 흥얼거리자 모두 입을 모아 따라서 부른다. 우리는 초등학생처럼 조잘조잘 어렸을 적 추억으로 들꽃 같은 아름다운 이야기를 만들어 냈다. 입술이 새까매지도록 뽕나무 열매인 오디를 따먹던 일, 냇가에서 하루 종일 다슬기 잡던 일, 노래도 끝이 나고 추억으로 만든 들꽃도 이젠 시들어 가는데 모두들 한동안 말이 없다. 산을 내려오면서 L이 언제쯤 또 산에 데리고 올 것인가 약속을 하란다. 다음엔 어떤 산에 무슨 꽃을 가르쳐 줄 것이냐고. 아마도 우리들의 등산 바람은 앞으로도 계속되지 않을까.

만남

나는 혼자 있는 시간을 즐긴다. 남편과 아이들이 직장으로 학교로 가고 비교적 한가한 이때가 좋다. 그 날 정해진 약속이 없으면 더욱 좋다. 늘 이 시간에 한가함을 깨는 유일한 것은 전화다. 조금이라도 천천히 느긋하게 전화를 받는다.

○○시가 주최한 독서 경진대회에서 아들아이가 상을 탄다고 한다. 시상식장인 시청 회의실에서 C를 만난 것은 결혼 후 세 번째의 만남이다. 멀찍이에서도 눈에 띄는 그녀의 모습은 반가움보다는 부러움의 대상이었다. 여전히 자신감 넘치는 모습으로 C는 내게 먼저 알은척을 했다.

아들아이를 인사시키고 자리로 돌아와 앉았다.

되감기를 끝낸 비디오테이프처럼 내가 걸어온 길이 다시 재생되었다. 직장생활 5년에 싫증이 나 있던 나는 결혼하면서 남편의 권유에 못 이기는 척 다니던 직장을 그만두었다. 그리고는 아내와 엄마로, 며느리로 내 이름은 잊어버리고 살았다.

그런데 둘째 아이가 폐렴으로 병원에 입원을 했을 때다. 병원 근처 식당에서 시어머님과 식사를 하는데 그 때도 C가 먼저 나를 알아보고 그녀 특유의 너스레를 떨며 손을 잡았다. 순간 나도 모르게 재빨리 손을 뺐다. 물 한 번도 만져보지 않은 것 같은 그녀의 손은 갓난아기처럼 부드러웠다. 그녀는 반갑다고 내가 계산해야 할 식사비까지 치르고 나갔다. 하나도 변한 것 없어 보이는 그 모습이 부러워 한참 동안 넋을 잃고 바라보았다. 내가 결혼해서 완전히 아줌마가 되도록 그녀는 화려한 싱글이었다. 누구랑 선을 보았다는 얘기는 숱하게 들려오는데도 결혼한다는 말은 좀처럼 들려오지 않았다.

빗질은 했는지 안 했는지도 모르는 부스스한 머리, 무릎이 툭 튀어나온 바지를 입고 엉거주춤 서 있던 내 차림새가 얼마나 초라해 보이던지. 그에 비해 잘 다듬어진 긴 생머리에 분홍빛 블라우스가 잘 어울리는 깔끔한 정장을 차려 입은 그녀는, 마치 참새 앞에 화려하게 깃을 펼친 공작새처럼 빛이 났다.

한때 나와 직급이 같은 동료였는데……. 직장을 그만 둔 것에 대해 한 번도 후회한 적이 없던 나는 그 날 처음으로 밤잠을 이루지 못했다. 아무것도 모르고 자고 있는 남편에게 듣던 말든 혼자서 마구 퍼부었다.

재미있는 프로그램이 없어 하릴없이 여기저기 리모콘을 눌러대는 사람처럼 늘어져 있는 나를 팽팽히 잡아 당겨 준 것은 바로 C였다. M방송사의 주부 리포터 모집에 선뜻 도전할 수 있었던 것도 바로 그녀와의 재회 때문이었으리라. 방송아이템을 찾고 취재도 하고 방송원고도 쓰고 직접 방송에 참여하는 1인 4역의 역할이 힘들 때마다 C를 떠올렸다.

아이들이나 잘 키우라는 남편과 하루가 멀다 하고 큰 소리를 내며 싸웠다. 그렇게 치열하게 방송이 하고 싶었고 일을 갖는 게 꿈이었다. 일주일에 한 번 하는 아이템 회의를 위해 여기저기 아는 사람들에게 전화로 자문諮問을 구했다. 그리고 방송거리가 되겠다 싶으면 가깝고 멀고를 가리지 않고 뛰어다녔다. 방송원고도 수없는 파지를 만들어

가며 마음에 안 들면 들 때까지 썼다.

주부리포터를 하면서 내가 몸담았던 시청을 취재차 방문한 적이 있다. 연말 사회복지 시설에 대해 취재를 하려고 간 ○○과에서 뜻밖에도 나를 맞아준 것은 C였다. 결혼 후 두 번째 만남이었다. ○○계라고 쓰인 책상 앞에 앉은 그녀는 계장이라는 직함을 달고 있었다. 그래서였을까. 두 번째의 만남이지만 또 다른 느낌이다. 13년 전 나와 같이 떡볶이 먹고 어묵 먹으면서 깔깔거리며 웃고 수다 떨던 예전의 그녀는 어디에서도 찾아볼 수 없었다. 직원들 앞에서의 그녀는 퍽 여유있고 위엄있었다.

3분 정도 들어가야 할 인터뷰를 2시간쯤하고 이것저것 필요하지도 않은 시시콜콜한 질문까지 했다. 사실 별로 대단할 것이 없는 주부리포터다. 그래도 내가 정식 아나운서라도 되는 양 어떻게 그 어려운 방송국엘 다 들어갔느냐고 궁금해서 이것저것 물어온다. 또 네 목소리가 라디오를 타고 나온다고, 하면서 부럽다는 소릴 반복했다. 그런 그녀 앞에서 될 수 있으면 그럴듯하게 포장이 잘된 나를 보여주고 싶었다.

뒤늦게 결혼을 했어도 누구나 부러워하는 남자와 살고 있다는 소리를 들었을 때, 열등감 때문에 나는 그녀를 보고도 못 본척 하고 애써 아무렇지도 않은 듯이 표정관리를 했다. 그녀의 배웅을 받으면서 나는 지지부진하던 야구 선수가 홈런이라도 한 방 날린 것처럼 통쾌했다. 그 열등감이 한번에 날아가 버린 것 같았다.

방송 원고를 쓰면서 나는 장롱 깊숙이 넣어 두었던 일기를 꺼내서 다시 쓰기 시작했다. 그리고 접어 두었던 문학의 꿈을 살며시 폈다. 평생교육원의 문예창작과를 수료하고 겁없이 주부 백일장에 원고를 던지기 시작했다. 상이 하나하나 늘어가면서 나는 어떤 일이든 겁내지 않고 달려들게 되었다.

뜻밖에도 한가함을 깨뜨린 전화의 주인공은 C였다. D일보에 실린 내 글을 보고서 물어물어 전화를 한 모양이다. 신문에서 내 사진이며 글을 보니까 문득 보고 싶어지더라고, 소식도 전하고 가끔 얼굴도 보고 살자며 나에게 핸드폰 번호를 불러준다. 그녀의 목소리가 다소 조심스럽게 들리는 것은 무엇 때문일까.

무거운 여자

딸아이는 나만 보면 배 좀 그만 불러들이라고 한다. 불면증으로 시달리는 사람에게 시계 소리처럼 거슬린다. 배 들어가서 날씬하면 남자들이 따라다닐까봐 불안해서 살을 뺄 수가 없다고 대꾸한다. 말이 채 끝나기도 전 딸아이가 코웃음을 친다. 이렇게 예쁘고 날씬해도 남자들이 쳐다보지 않는데, 하면서 엄지손가락만 펴 자신을 가리킨다. 그래도 거울 앞에서 이리저리 보면서 배만 쏙 들이밀면 봐줄만 하지 않냐고 딸아이한테 묻는다. 나도 한때는 너보다 날씬했다며 큰 소리 쳐보지만, 처녀적 모습은 찾을 수 없다.

매주 월요일에 하는 TV 프로그램에 「신고합니다」라는

한 프로그램이 있다. 아들이 군에 입대하고 난 후 더 자주 본다. '어머님전 상서'라는 코너에 군대간 아들을 만나는 장면이 나온다. 볼 때마다 사연이 어찌나 절절하고 아픈지 주인공처럼 내 눈시울이 뜨거워진다. 어머니와 아들의 애틋한 사연이 끝나면 아들이 어머니를 가볍게 업고 들어간다. 그런데 아들은 몸이 약하고 어머니의 무게가 나가면, 업으면서 아들이 휘청대는 모습을 본다. 아들이 업을 때, 엄마가 무거우면 잠깐이라도 힘들지 싶다. 살을 좀 빼야 할 텐데 하는 생각을 할 때도 바로 「신고합니다」란 것을 보고 난 후다. 그러나 심각하게 많이 나가는 편이 아니라 끝나면 곧잘 잊어버린다.

두루뭉술하게 살집은 있지만 건강한 편이 아니라 몸이 여기저기 아파서 병원을 자주 다닌다. 그러다 보니 잘 먹는 게 건강을 유지하는 것이다 싶어 아직 그렇게 몸무게를 줄여 보려고 노력은 해보지 않았다.

오랜만에 만난 친구들 모임에서 누군가 날씬한 모습으로 나타나면 모두 한 마디씩 한다. 신경 쓰는 일 있냐, 어떤 방법으로 살을 뺐느냐, 무슨 운동했기에 이렇게 많이 빠졌냐는 등 질문이 많다. 그 날의 모임은 주제보다는 그런 얘기들로 마무리될 만큼 여자들에게는 다이어트가 큰 화젯거리다.

어떤 이는 너무 말라서, 몸무게를 물어보면 알아서 뭐하냐고 신경질부터 낸다. 밥을 많이 먹고 금방 누워서 자기도 하고 초콜릿이나 탄산음료를 마구 먹고 마셔도 살이 찌지 않아 고민한다는 것이다. 그녀는 물만 먹어도 살이 찐다는 사람에게는 행복한 변명을 하는 것으로밖에 보이지 않는다.

다른 사람에게는 내 얼굴이 좀 작게 느껴지나 보다. 요즘 몸이 불어서 걱정이라는 내 말에 콧방귀를 뀌면서 진짜 살찐 사람이 보면 화내겠다며 무시한다. 그런데 나와 같이 공중목욕탕에 가 본 사람은 안다. 얼굴보고는 살집이 없는 줄 알았다가 배신당했다며 진짜 속살이 장난 아니라고 놀린다.

중학교 동창 중에 소식이 가장 빠른 친구가 있다. 동창들의 소식은 거의 그녀가 전해준다. 몸이 가벼워 쌀쌀거리고 잘 돌아다니기도 하고 이 친구 저 친구에게 전화도 자주 한다. 어찌 그리 정보 입수를 잘하는지 아무튼 친구들 간에 우체부라는 별명으로 통한다. 내가 듣기엔 비밀 같지도 않은 별스럽지 않은 말을 해놓고는 아무한테도 말하지 말라고 한다.

"너 입 무겁지?"

"나, 무게가 꽤 나가는데 입 무게만 40Kg이 넘는다. 왜?"

깔깔거리는 웃음소리만큼 나도 유쾌해진다.

얼마 전 한국관광공사에서 주최한 관광 안내 교육이 있었다. 거기에 모인 대부분이 여자들이었다. 점심을 먹으려면 4층으로 올라가야 한다. 교육이 끝나 한꺼번에 사람들이 우르르 몰려 엘리베이터를 탔다. 만원이라는 부저가 삑삑 울린다. 서로 눈치만 보고 내리지 않는다. 날씬한 제가 내려도 문이 안 닫힐 텐데, 하고 내가 내렸다. 몇몇 사람들이 손으로 입을 가리고 킥킥거리며 웃는다. 그랬더니 문이 닫히면서 올라가는 것이 아닌가.

순간 딸아이의 말이 떠올라 배를 쏘-옥 들이밀어 보지만…….

'아! 나는 무거운 여자였구나.'

가볍게 몸을 털며 계단을 걸어 올라간다. 울림 때문일까. 한 계단 한 계단 내딛는 발걸음 소리가 더 크게 들린다. 육체적인 무거움보다는, 그것과 평형을 이루는 진정 속이 꽉 찬 무거운 여자가 되고 싶은데…….

목욕탕에서

며칠 전 목욕탕에서였다. 쉰 살이 넘은 듯한 분과 여든 살쯤으로 되어 보이는 노인의 옆자리에 자리를 잡고 앉았다. 그리 소란스럽지는 않지만 여러 사람의 웅성거림과 물소리가 나는 가운데도 자연스레 옆에 앉은 분의 이야기가 나직하게 들려온다.

가만히 앉아 계시라고 하더니 비누칠을 해서 노인의 몸을 닦아준다. 노인은 고개만 끄덕끄덕하면서 별다른 말이 없다. 팔을 들으라면 들고 눈을 감으라고 하면 감는, 마치 말 잘 듣는 어린아이와 엄마 같다.

비누칠이 끝나자 욕탕 안으로 할머니를 들어가라고 한

다. 노인은 물을 만져 보더니 한쪽 다리만 겨우 탕 안으로 들여놓고는 같이 온 듯한 그 분만 물끄러미 바라본다. 그러자 그 아주머니의 손놀림이 빨라진다. 샤워가 끝나자 노인의 손을 잡고 같이 들어가자고 한다. 그래도 뜨거운 게영 마음이 놓이지 않는 모양이다.

거울에 비친 두 사람은 서로의 몸에 물을 살짝살짝 튕겨본다. 그런가 하면 장난치듯이 손으로 물싸움을 조심스레 해보는 두 사람. 이윽고 할머니보다 젊은 분이 먼저 탕 안으로 들어가더니 얼른 들어오라고 손짓을 한다. 그래도 미덥지 않은지 노인은 고개를 설레설레 흔들면서 들어가지 않는다. 그러자 그 분이 다시 탕 안에서 나온다. 물소리 때문에 잘 들리지는 않지만 혼을 내주듯 하기도 하고, 살살 구슬리기도 하는 것 같다. 그러더니 이내 손을 잡고 조심스럽게 탕 안으로 들어간다. 거울에 비친 탕 안의 풍경은 마치 안개가 낀 것처럼 뿌옇게 김이 서려 있다.

얼마쯤 지나 탕 안에서 나오더니 어린아이 다루듯 할머니 몸의 때를 정성스럽게 밀어준다. 손을 놀리지 않고 열심히 때를 미는 그 분은 하고 싶은 일을 즐겁게 하는, 참으로 평화스러워 보이는 얼굴이다. 그에 비해 노인은 아무런 표정이 없다. 눈만 멀뚱멀뚱 뜬 채 표정의 변화도 없이 진

열장의 인형처럼 앉아 있는 듯했다.

그 할머니가 팔십여 년 동안을 걸친 듯한 단 한 벌의 옷은 거뭇거뭇하게 검버섯이 피고 이미 낡을 대로 낡아 쭈글쭈글하기만 하다. 평생을 거친 일로 살아온 듯 손은 마디가 굵고 구부러져 있다. 그렇지만 가족을 위해서라면 어떤 일도 마다않고 또 맛난 음식도 척척 만들어 냈으리라. 검은 색으로 윤기 흐르던 머리는 이미 빛과 색이 바랜 지 오래되어 은색으로 변해 있고 푸실푸실하다. 같이 온 조금 젊은 그 아주머니의 우윳빛 피부가 할머니 옆에서 더 빛이 난다.

그 아주머니는 할머니의 때를 밀어 주면서 기분을 살피는 것 같다. 시원하지? 하면서 어린애 대하듯이 말을 하는 걸 보면 모녀지간인 듯싶다. 때밀기가 끝이 났는지 머리를 감자고 한다. 엎드리세요, 하는 것을 보면 또 고부姑婦지간인 것 같기도 하다. 또 어떻게 보면 자원봉사자인 것 같기도 하다. 매일 이렇게 씻겨 드리면 좋겠죠, 하고 묻는가 하면 어디 사세요, 또 몇 살이냐고도 묻는다. 그러자 몰러 몰러, 하면서 노인은 고개만 흔든다.

아무런 대가없이 남을 위해 베푼다는 것은 생각만큼 쉬운 일이 아니다. 어느 시詩엔가 이런 구절이 있다. 만일 내가 죽어서 하느님 앞에 갔을 때 넌 이승에서 무얼 했느냐고 물으면, 난 아무리 생각해도 길가에 있는 돌 하나를 치운 것밖에 남을 위해 한 일이 없다고. 나는 죽어서 하느님 앞에 갔을 때 과연 이승에서 무슨 일을 했다고 말할 수 있을까.

때마침 어느 모임에서 좋을 일을 한 가지씩 하자는 것을 안건으로 내놓았다. 자의自意든 타의他意든 어떤 일을 할 것인가를 정해야만 했다. 그렇지만 생각뿐이지 정하지도 못한 채 한 달이란 시간이 훌쩍 지나버렸다.

그런데 그들을 바라보면서 '그래 바로 이거구나' 하는 생각이 들었다. 혼자 오신 듯한 노인이 손이 잘 닿지 않는 등을 애써 닦고 있었다. 얼른 다가가 등을 밀어 드렸다. 그런데 좋아하실 줄만 알았던 그 할머니는 '됐다'고 하면서 나를 경계하는 것이 아닌가. 그러면서도 내내 잘 닿지 않는 등을 혼자서 밀려고 애를 쓰고 있으니 난감할 수밖에 없었다. 그렇게 한참을 할머니 등 뒤에 서 있는데 등 미는데 얼마나 받아유, 한다. 그제야 할머니가 왜 나를 거부했는지 알 수 있었다. 할머닌 나를 돈을 받고 때를 밀어주는 사람으로 오해를 한 것이다. 열전의 경기가 끝이 난 텅 빈 운동장에 혼자 서 있는 기분이 이럴까. 작은 것 하나에도 대가를 지불해야만 할 수 있는 것으로 관습화된 우리의 삶에 노인들까지도 물이 든 것일까. 돈 안 받아요. 할머니 공짜예요, 하면서 등을 밀어 드렸다. 아휴 시원하다 시원해, 하면서 고맙구먼, 하고 되풀이하여 인사를 한다.

내가 제자리로 돌아와 앉자, 옆에 앉았던 그 할머니도 목욕이 끝났는가 보다. 목욕탕의 침상에 노인을 뉘여 놓고는 쉬고 계시라고 한다. 그 어떤 그림이 이보다 더 아름다울 수 있을까. 다시 아주머니의 손길이 바삐 움직인다. 그 분에게 물었다. 조심스럽게.

"등 밀어드릴까요?" 얼굴빛이 금세 더 환해진다.

충전이 필요한 이유

아들아이 방의 시계가 3시 42분에서 멈춰 있다. 시계를 떼어 건전지를 갈아 끼웠더니 언제 멈췄었냐는 듯이 바삐 움직인다. 건전지를 만지면서 사람에게도 가끔씩 충전이 필요한 것이 아닌가 하는 생각을 한다.

저녁시간 누군가 조용히 초인종을 누르기에 문을 열어 주고 보니 아들아이다. 그런데 현관으로 들어서는 아들의 얼굴은 일그러져 있고 옷은 피투성이다. 놀라서 할 말을 잊고 서 있는 내게

"엄마, 나 교통사고 났어."

하는 것이 아닌가. 등 뒤가 모두 피투성이로 보여 나는 비

명과 함께 그 자리에 털썩 주저앉고 말았다. 오후 7시쯤 된 시간에 TV만 켜 놓은 채로 어두운 실내에서는 그 붉은 것을 피투성이로 보기에 충분했다. 더구나 '긴급구조 119'라는 프로그램의 화면에 나오는 불자동차의 붉은 색이 한 몫을 더했다. 그렇지만 다행스럽게도 피가 아니었다.

학교가 파하고 일방통행로를 건너오는데 음식 배달하는 오토바이를 탄 청년이 뒤에서 아들아이를 들이받았다고 한다. 어디 다친 데는 없나 싶어 녀석을 이리저리 살펴보았다. 어깨를 힘을 주어 만져보고 앉았다가 일어서 보라고 하기도 했다. 기숙사의 사감처럼 아들녀석을 세워놓고 몸을 검사하고 한 바퀴 빙 둘러도 보았다. 왼쪽 손바닥과 왼쪽 무릎에 타박상을 입었다. 조심하지 않고 덜렁대는 성격 탓이라고 혼을 냈다. 친구들과 장난치다 그런 것은 아니냐고 소리를 질렀다. 처음 당하는 일이고 보니 무엇을 어찌해야 좋을지 몰라 아들아이만 나무랐다. 왠지 아들놈이 걱정되면서도 마음과는 반대로 뭔가 모를 화가 치밀었다. 교복을 빨고 나오니 녀석은 자기 방 침대에 오도카니 앉아 꼼짝도 하지 않고 있다. 다가가서 타박상 입은 손에 입김을 호-오하고 불어본다. 어깨를 감싸 안았더니 어미 품으로 힘없이 들어온다.

포도주가 반쯤 담긴 병을 보고 한 사람은 아직 반이나 남아있다고 한다. 다른 한 사람은 반밖에 안 남았다고 한다. 언젠가 독서신문에서 본 이 글귀는 살아오면서 내 삶의 지표가 되었다. 아직 반이나 남았다고 한 사람처럼 무슨 일이든 낙천적으로 살아야지 하는 생각을 했다. 그런데 그건 늘 다짐뿐이다. 어느 날 문득 나는 반밖에 남지 않았다고 비관하는 사람처럼 살고 있는 것이 아닌가.

이런 내 자신을 돌아보게 만드는 것은 바로 나의 이웃이다. 사람은 살면서 끊임없이 배우고 깨우치며 살아간다. 삼인행 필유아사언三人行 必有我師焉이라고 했던가. 세 사람이 길을 가면 그들 중에 반드시 스승이 있다고 하더니 나의 이웃에는 내 스승 같은 사람이 있다. 나이도 비슷하고 관심사나 종교도 같다. 그래서 친구처럼 편하다. J랑 이야기를 하다보면 마침맞게 데워진 목욕물처럼 따뜻하고 편안하다. 그녀야말로 세상을 낙천적으로 사는 사람이다. 며칠 전 이웃에 몇몇이 모여 가족과 함께 근교에 있는 ○○○공원으로 놀러갔다. 엄마들은 점심식사 준비에 바쁘고 아이들은 비슷한 또래끼리 모여 피구를 하느라고 신이 나 있다. 그런데 경기 도중 그만 J의 4학년 된 아들이 넘어졌다. J가 뛰어가서 아들을 꼭 껴안더니 많이 아프냐고 묻는다. 아이의 울음소리가 어찌나 큰지 모두들 놀라서 걱정하는데도 그녀는 침착했다. 얼굴이 깨지고 팔이 부러졌다. 팔을 만지지도 못하게 하는 아이를 데리고 J부부가 병원으로 갔다. 한참 후에 핸드폰으로 전화를 하니 괜찮다며 많이들 놀라지 않았냐고 우리 걱정을 한다. 그만한 게 운이 좋단다. 더 많이 다치지 않은 게 얼마나 다행이냐고. 정말로 감사해하는 그녀의 모습이 눈앞에 떠오른다.

또 한 번은 J네 차에 동승했을 때다. 뒤차가 우리가 타고 있는 차를 들이받는 접촉사고를 냈다. 그녀의 남편은 그냥 가라고 손짓을 한다. 차가 조금 찌그러들지언정 부서지거나 사람이 다치는 사고가 아닌 다음에는 웃으면서 보내는 그들 부부다.

부부는 살면서 서로 닮는다고 했던가. J부부는 성격이 둘 다 낙천적이다. 처음부터 그렇게 비슷했는지는 잘 모른다. 그들 부부처럼 살고 싶다는 생각을 종종 한다. 여자들이 모이면 남편과 시댁 이야기가 왜 나오지 않겠는가. 각자들 남편에 대한 불만이 나오게 마련이다. 그래도 그녀는 살며시 웃고만 있다. 모두들 J의 남편은 잘하니까 흉볼 것도 없을 거라고 말하면 J는 말한다. 남들같이 살림도 잘하지 못하고 매일 아프기만 한 사람 데리고 사는 것만도 고마운데 무슨 불만이 있느냐고. 그녀라고 왜 불만이 없을까. 그렇지만 불만을 먼저 얘기하기 전에 자신의 단점을 되돌아볼 줄 아는 그녀. 나는 그녀에게서 늘 신선한 충격을 받는다. 금방 아들아이 앞에서 나는 재판관처럼 행동했고 아들아이는 꼼짝없는 죄인이었다. 나는 아마도 충전용 건전지체질인가 보다.

상처를 만져주고 안아줬더니 안정을 찾았는지 아프다는 내색도 없이 책상 앞에 앉아서 공부를 하고 있다. 아들아이를 뒤에서 다시 한 번 꼭 껴안아 본다. 많이 놀라지 않았냐는 내 물음에 오히려 아이는 엄마가 더 놀라지 않았느냐고 못난 어미 걱정을 한다. 아들녀석에게 미안하다는 말 한마디 못하고 녀석의 머리만 자꾸자꾸 쓰다듬는다.

3부
까치소리

까치소리
남편은 부재중
딸
수첩왕자
시어머니의 뒷모습
오동나무
오해
지갑 속의 애인
콩 나무와 콩나물
한 여름 밤의 에피소드

까치소리

아파트 뒤 야트막한 산에서 들리는 까치 울음소리가 소란스럽다. 무슨 일일까 싶어 부엌 쪽 창을 열고 고개를 빼고 내다보았다. 나무 꼭대기 까치둥지를 몇 마리가 열심히 드나든다. 또 저희들끼리 부리를 맞대고 나뭇가지에 앉아 무슨 얘기라도 주고받는 것처럼 보이기도 한다.

그러고 보니 꽤 여러 마리가 모여 소란스러움을 자아내고 있다. 저 까치들도 오랜만에 가족이 모두 한 자리에 모이기라도 한 것일까. 얼마 전 친정어머니 생신 때 모였던 우리 가족처럼.

딸들을 시집보내면서 서운하지 않은 부모가 어디 있으

랴. 딸들을 넷이나 출가시키며 예식장에서 하얀 장갑 낀 손으로 못내 눈물을 꾹꾹 찍어내던 아버지. 시부모님도 그저 친정 부모처럼 생각하라며 미덥지 못해 어쩔 줄 모르며 잡은 손 놓지 못하던 어머니. 그렇게 서운해 하던 분들이 이제야 딸 키운 재미를 솔솔 느끼는가 보다. 명절이나 당신들의 생일만 되면 딸과 사위는 물론, 외손주들까지 모두 한 자리에 모이는 것이 어느덧 두 분에게는 유일한 즐거움이다.

어머니는 맏딸인 내게 전화를 해서 둘째는 곧 온다고 전화 왔더라, 하면서 목소리가 한 톤 높아져 들떠 있다. 셋째는 몸살이 났는데도 꼭 온다고 했다는 말 뒤로 수화기 저편에선 아버지께서 아픈데 뭐 하러 와, 하는 소리가 싫지 않은 듯 전해진다.

육 남매 중에 아직 짝을 찾아 주어야 할 자식은 다섯째 딸과 막내인 아들이다. 아들은 서울에서 대학을 다니고 하나 남은 딸도 타지에서 직장 다니느라 주말이나 되어야 집에 온다.

어느 부모나 마찬가지겠지만 부모에게는 늘 자식들이 그리운 존재이리라. 같은 도시에 살아도 자주 찾아뵙는다는 게 그리 쉽지만은 않다. 그래서 안부 전화라도 하면 목탁만 두드리면 절간이 따로 없다고 한다. 나는 자랄 때 동생 많은 것이 싫었다. 아버지께서는 독자로 자라서 자식을 여럿 두는 게 좋아 많이 낳았다고 한다. 부모님께서는 조용한 것보다 육 남매가 모두 모여 자아내는 왁자한 분위기에 더 익숙한가 보다.

단순히 종족 보존의 본능을 넘어서 새끼가 부모 품을 떠날 때까지 아낌없는 사랑을 베푸는 것은 새들도 마찬가지라고 한다. 알에서 갓 깨어난 새끼에게 어미새가 먹이를 물어오면 눈도 뜨지 못한 채 소리만 듣고 먹이를 받아먹는 새도 있다. 두 분은 딸과 사위를 위해 가으내 주워 모은 도토리로 묵을 만든다. 봄가을이면 산나물을 뜯고, 삶아서 잘 말려 두었다가 자식들이 오면 골고루 나누어 주기도 한다. 마치 둥지 속의 새끼들에게 열심히 먹이를 날아다 주는 어미새처럼.

절간 같다던 집에서 손주들 싸우고 떠드는 소리가 나고 사위들 웃음소리에 딸들의 수다에 아버지는 멀찍이 앉아서 미소만 짓고 있다. 그런 아버지 얼굴 위로 잠깐씩 수술 후의 통증이 스치고 지나가는 듯하다. 배를 쓰다듬으며 자식들에게 그런 모습을 들키지 않으려고 다른 곳으로 시선을 돌린다. 젖먹이 손주들까지 꼭 스무 명이 한 자리에 앉아 전쟁 치르듯 식사를 한다.

식사가 끝나면 누가 정해주지도 않았는데 맏사위인 남편은 밥 먹은 자리를 정리한다. 둘째사위는 술병이랑 쓰레기를 치우고 분리수거까지 해놓는다. 또 셋째는 아이들을 한 방에 데리고 가서 노는 일을 맡고, 넷째는 어머니 아버지의 어깨를 주무르고 안마를 해드린다. 그 사이 딸들은 설거지를 한다.

자식들이 모두 잠든 후에도 아버지는 깊은 잠을 이루지 못하고 이방 저방으로 다니면서 이불을 덮어준다. 행여 자식들이 깰까봐 외손주들을 번쩍 안고 가서 소변을 뉘이고 토닥여 재운다. 아버지를 뒤에서 가만히 안아본다. 전에는 그렇게 널따란 등이었건만…….

몇 해 전 아버지는 대장암 진단을 받았다. 수술을 받고 항암제 치료에 방사선 치료를 병행하는 동안 아버지는 잘 견뎌냈다. 한번도 하기 어려운 수술을 세 번째 받을 때, 아버지께서는 병원으로 떠나기 전 이젠 마지막이다 싶었나 보다. 남동생을 앉혀놓고 유언 같은 말을 남기고 뒤도 돌아보지 않고 병원으로 향했다. 그 때의 절망감이란 이루 말할 수 없었다. 다행히 수술도 간단했고 생각처럼 희망이 보이지 않는 것은 아니었다.

아버지의 병이 호전되고 있지는 않지만 그래도 이만하길 얼마나 다행인가. 3주의 방사선 치료를 받고 언제 끝날지 모르는 병마와 아버지는 지금도 투병중이다.

흔들리는 차 안에서 넘어지지 않으려면 의지할 수 있는 손잡이가 필요하듯이 살아가면서 어려울 때 힘이 되는 것. 그것이 바로 부모고 형제가 아닐까. 그래서 언제 만나도 보고 싶고 그리운 것이 가족이리라. 오늘 유난한 까치소리가 우리 가족들이 모였을 때처럼 다소 소란스러워도 그것이 그들만의 도란거림이길 빌어본다. 까치는 3월에서 5월이 산란기다. 혹시 부화된 새끼에게 어미새가 나는 시범이라도 보이며 어서 날아보라고 재촉을 하기라도 하는 것은 아닐까.

남편은 부재중

남편이 모처럼 집을 비웠다. 억압된 노예생활을 한 것도 아닌데 오랜만에 해방감이 든다. 연애시절부터 지금까지 줄곧 11년을 나흘 이상 떨어져 본 적 없다. 그래서 그런지 주말부부가 부럽다.

남편은 고등학교 상업교사이다. 항상 정확하고 한 치의 오차 없이 살려고 한다. 직업이 따지고 맞추는 것이어서 그런가 보다. 그런데다가 성품마저 조선시대에나 태어났으면 딱 맞을 그런 사람이다. 식당에서 여자가 입 크게 벌려 상추쌈 먹는 모습을 봐도 눈살을 찌푸리고 무릎 위로 올라오는 짧은 치마를 입는 것도 마뜩지 않게 여긴다.

결혼한 이후로 밤에 혼자서 집을 나서는 것은 상상도 할 수 없는 일이다. 그래도 난 조선시대 여자들보다는 조금 나은 삶을 산다고 생각하지만, 악명(?) 높은 남편의 성격을 아는 내 친구들은 가급적 저녁 약속은 하지 않는다.

늘 붙어있다 보니 가끔씩 하는 남편의 숙직도 나에겐 휴가나 다름없다. 밤늦게까지 책도 읽고 음악도 듣고 평소 하고 싶은 일을 하는 그야말로 내가 지배하는 유일한 시간이다. 남편은 시간표대로 살려고 하고 나는 그런 남편을 못마땅하게 여기면서도 그것이 결코 그릇된 것은 아니라고 생각하기 때문에 따른다. 가끔 성난 소프라노 소리를 내는 내게 생활리듬을 깨지 않으려면 규칙적으로 생활해야 되지 않겠느냐고 반문한다.

기회는 드디어 왔다. 남편이 학생들을 데리고 제주도로 3박 4일씩이나 수학여행을 떠났다. 모처럼 맞은 휴가를 그냥 보낼 수는 없지 않은가. '영화도 한 편 보고 그리고 가을을 만나러 시내버스라도 타고 시골 종점에 내려 형형색색으로 물든 가을 들판도 걸어 보리라. 그동안 만나지 못한 친구도 불러내어 저녁 약속도 하고 자유부인이라는 것을 만끽해 봐야지.'

남편에게 얽매여 살아온 날들을 한번쯤 무너뜨려 가며

세우느라 차라리 행복했는데…….

전화벨이 울린다. 순간 남편일 것이라는 직감으로 수화기를 들었다. 귀에 익은 남편의 음성이 들렸다.

"나야, 별일 없지?"

"응. 당신은요? 딸이 아빠 보고 싶대요."

"응."

두 마디 하고는 전화가 뚝 끊긴다. 불과 몇 분 전 남편을 향한 애틋한 마음은 흔적조차 없다. 벗어놓고 간 남편의 옷을 들고 목욕탕으로 갔다. 아파트 3층이라는 사실도 까맣게 잊었다. 밤이 꽤 깊었다는 것도 생각나지 않았다. 거칠게 비누칠을 하고 방망이를 번쩍 들었다.

딸

겨우내 창문을 기웃거리던 투명한 햇살이 화사하게 쏟아져 들어온다. 가까운 친정이라 며칠 전에 다녀왔지만 오늘도 친정어머닌 전화로 나를 부른다. 나를 붙들고 할 말씀이 많은가 보다. 고추장독 뚜껑을 열며 혼잣말처럼 중얼거린다. 볕이 좋아서 새로 담은 고추장이 잘 마르겠다며 이야기보따리를 풀다 말고 어머니는 내 머리를 더듬는다.

나이 마흔에 벌써 흰머리가 이리도 많으니 어쩌냐면서 정작 나보다 어머니가 더 심란해 한다. 자식 늙는 모습을 바라보는 것이 더 서글픈 게 부모의 마음일까. 돋보기를 찾아 쓰고 어머니는 당신 무릎에 나를 뉘여 놓고 흰머리를 뽑는다.

어머니께서 지금의 내 나이 때니까 아마 20여 년 전쯤인가보다. 그땐 내가 어머니의 흰머리를 뽑아 드렸는데 이젠 백발에 더 가깝다. 딸들이 사다주는 고운 옷도 마다하고 나보다는 네게 더 잘 어울린다고 사양하는 어머니. 무정히 흘러가는 세월이 어머니를 그렇게 만들었을까. 죽을 날이 머지않았다는 어머니의 말씀을 들을 때마다 불안하기만 하다. 마치 잎이 모두 떨어진 나뭇가지에 겨우 매달린 홍시를 보는 것처럼. 딸의 흰머리를 보고 그냥 지나치지 못하는 어머니. 그런 어머니께서 얼마 전 팔을 다쳐서 내 마음을 무던히도 아프게 했다.

지난 해 추석명절을 며칠 앞두고였다. 어머닌 충북 괴산에 있는 고향에 벌초를 하러갔다. 2대독자인 아버지는 벌초해 줄만한 가까운 친척이 없어 늘 어머니와 함께 가곤 했다. 그런데다가 딸을 내리 다섯을 낳아 넷을 출가시키고 다섯째 딸은 직장에 다닌다고 제쳐두었다. 막내로 얻은 아들은 군복무중이라 어머니 대신 벌초를 하러 갈 만한 마땅한 일꾼이 없었다.

그 해 대장암이란 큰 수술을 받고 항암제 치료까지 받던 아버지께서 벌초를 하러 가기엔 무리였다. 그런 아버지께는 비밀로 하고 어머니는 혼자 벌초를 하러 가셨다. 그 날 증조할아버지 할머니 산소의 풀을 깎고 내려오다가 그만 미끄러졌다고 한다. 땅을 짚는다는 게 잘못해서 팔을 부러뜨린 것이다. 그렇게 부러진 팔을 하고도 할아버지 할머니 산소까지 벌초를 다 마치고 퉁퉁 부은 팔을 하고 집에 돌아오셨다. X-ray 상에 어머니 팔목은 사금파리 조각처럼 부서진 모습이었단다.

전화를 받고 친정으로 달려갔다. 왼쪽 팔에 붕대를 감고 두 배쯤 부은 팔을 가슴에 안고 앉아계신 어머니. 미련스럽도록 강한 어머니의 인내심 앞에 자식들은 모두 죄인이었다. 많이 아프겠다는 내 말에 어머니는 애써 괜찮은 표정을 지으신다. 팔 다친 어머니를 보며 많은 생각이 교차했다. 내가 아들이었다면 그까짓 벌초쯤이야 어머니가 가지 않아도 됐을 텐데…….

쌀가마니 하나 번쩍번쩍 들어서 옮겨 놓지 못하는 딸들이라고 어머니에게 핀잔을 들을 때도 딸로 태어난 것을 원망해 본 적이 없다. 할머니가 다섯이나 되는 손녀딸들 앞에서 한숨쉬는 이유를 알았을 때도, 내가 아들이었다면 하는 생각은 한 번도 하지 않았다. 어머니가 알면 펄쩍펄쩍 뛸 일이지만, 딸 셋쯤 낳았을 때 아버지가 어디 가서 아들이라도 하나 낳아가지고 들어왔더라면 하는 엉뚱한 생각이 그때는 간절했다. 그 날처럼 내가 딸로 태어난 것이 한스러웠던 적이 없다.

출가하지 않은 막내딸마저도 객지에서 직장 생활을 하는 형편인지라 어머닌 아픈 팔을 하고도 내내 앞으로 해야 할 집안일을 걱정했다. 마음 같아선 내가 다 할 테니 걱정 마시라고 하고 싶었는데……. 편찮으신 시어머니를 모시고 사는 내 형편이 친정 일을 내 일처럼 돌보기에는 역부족이었다. 어머닌 깁스를 하고도 내내 그 팔을 쓰셨다. 부러진 뼈가 붙을 때까지는 쓰지 않아야 했다.

깁스를 풀었을 땐 이미 다시는 주먹을 꼭 쥘 수 없게 되었다. 작은 머리카락 한 올 꼭 쥐지 못하고 스르르 빠져 버리는 어머니의 손. 그 손이 나 때문인 것 같은 죄책감으로 나는 한동안 우울함을 벗어날 수 없었다.

내가 첫아이를 가졌을 때 어머닌 늘 '아들이어야 할 텐데…….' 입버릇처럼 하셨다. 딸이면 어떠냐고 해도 많이 낳는 세상 아니니 맏이로 아들 낳으면 얼마나 좋겠냐고 한다. 그 다음 말을 잇지 못하는 어머니. 그 가슴엔 당신처럼 딸만 낳을까봐 속 태울 나를 생각한 모양이다.

꼭 대를 이어야만 며느리의 도리를 다할 수 있다는 우리

어머니들 세대. 더구나 2대 독자인 아버지께 시집오셔서 아들을 꼭 두어야 한다는 강박관념이 깊게 자리했을지도 모를 어머니. 내가 첫아이를 낳았을 때 어머니는 당신이 더 기뻐서 눈물까지 보이셨다. 딸의 출산을 지켜보면서 어렵게 아들을 얻으신 당신의 크나큰 아픔들이 떠올랐을까. 친정어머니 닮았다는 소리는 듣지 않겠구나 하는 그 말씀 뒤로 내가 아들을 얻기 전까지 애태웠을 당신의 마음을 함께 헤아릴 수 있었다. 둘째는 딸을 낳았다. 그 때 나는 다른 어떤 감정보다도 어머니가 되는 산고의 고통을 내 딸도 나처럼 겪어야 한다는 사실만 가슴 아팠다.

요즘은 옛날과 달라서 아들 낳으면 버스 타고 딸 낳으면 비행기 탄다고 한다. 그런데 난 아직도 친정 부모님께 비행기 한번 태워드리지 못했다. 딸 노릇이라고 하는 노릇을 해보지 못했다. 그래도 친정어머니 앞에서 늘 큰소리친다. 요즘은 시어머니보다 친정어머니가 더 대접받는 세상이라고.

그래도 어머니는 딸보다 아들 많은 집이 더 부러운가 보다. 하던 일을 멈추고 담장 앞의 감나무로 눈길을 보내며 말씀하신다. '저런 나무들도 겨울이면 미련 없이 잎을 모두 떨구는데…….' 사람의 욕심은 끝이 없나 보다.

꿈에서 깨어난 듯 어머니는 뽑은 흰머리를 재빠르게 휴지통에 집어넣으며 내 머리를 다시 한 번 쓰다듬는다. 염색한 어머니 머리 위로 햇살은 한낮처럼 쏟아져 들어온다.

수첩왕자

그릇을 떨어뜨린 것도 아니다. 또 부딪힌 기억도 없다. 그런데 아침밥을 푸려고 그릇을 들었더니 찌~직 하는 소리와 함께 그릇의 밑바닥에 금이 가는가 싶더니 쑥 빠져버리는 것이 아닌가. 더구나 잘 깨지지 않는 그릇이라는 광고만 믿고 산 지 이주일 정도 된 그릇이다. 어이가 없다. 불길한 징조 같아서 한참을 멍하니 그렇게 서 있었다.

뭔가 메모할 것이 있으면 달력이든 신문이든 아무 곳에나 적어 놓아 후에 어디다가 적어 놓았는지조차 모르는 나다. 나와는 달리 남편은 할 일이 있거나 기억해야 할 것은 메모지에 꼭 적어둔다. 그런 버릇 때문인지 남편은 해야 할 일을 잊어버리는 일이 거의 없다. 오히려 글 쓰는 나보다 메모를 더 많이 하고 무언가를 하루도 빠뜨리지 않고 적는다. 어디를 가든 몇 시에 출발해서 목적지에 언제 도착했는지 어떤 식당에서 무엇을 먹었는지 낱낱이 적는 것이 남편의 메모 습관이다. 내가 보기엔 쓸데없을 듯 싶은 것 까지 일일이 적어서 가끔 사건일지 쓰느냐는 빈축을 사기도 한다. 무인도에 떨어져도 수첩과 펜 하나만 있으면 살아갈 사람이다.

남편의 오래된 교무수첩을 서재에서 자세하게 본 적이 있다. 거기에는 담임을 맡았던 반의 아이들 사진과 가정환경이 남편 성격만큼 꼼꼼히 깨알 같은 글씨로 메워져 있었다. 또 생활태도 하나하나가 낱낱이 적혀 있다. 그리고 그 밑에는 섬세한 마음의 기록이 빽빽하다.

남편 수첩은 교직생활의 역사이며, 우리 집의 과거이다. 낡고 닳아 너덜너덜한 흔적이 흐른 세월을 그대로 말해주고 있다. 기쁠 땐 같이 크게 웃고 슬플 땐 함께 울던 우리 집의 크고 작은 일들이 고스란히 남아 숨 쉬고 있다. 나를 만나 첫 키스를 했던 날과 장소부터 친정아버지께서 딸기를 사 가지고 퇴근길에 결혼 후 처음으로 우리 집에 들렀던 날, 1987년 7월 21일 칠만이천 원이 든 지갑을 잃어버리고 울던 나의 어처구니없는 실수. 전국주부백일장에서 아내가 상을 탄 이야기. 무엇 때문에 다투었는지, 부부싸움 한 날. 읽어보니 마치 옛날이야기를 듣는 것처럼 재미도 있고 감회가 새롭다. 나는 일기에 그날의 내 감정을 주로 적은 반면 남편은 그날그날의 일과 위주로 자세히 메모를 해 두었다. 그래서 그 날 무슨 일이 일어났고 어떤 일이 있었는지를 알려면 내 일기장보다도 남편이 남긴 메모가 더 효율적이다.

기록이 중요하다는 것은 우리의 역사를 보면 알 수 있다. 역사 유물 중에 언제 누가 만들어 놓았는지가 적혀 있는 것은 그 값어치가 훨씬 높다. 기록의 중요성은 우리 고장 청주에서 발견된 「직지」에서 그 가치가 더 잘 드러난다. 전세계 사람들에게 직지가 발견됨으로써 독일의 쿠텐베르크가 최초의 인쇄기록인 줄만 알았던 인쇄문화를 바꿔야 했다. 세계 최초의 금속 활자본 「직지」는 독일의 구텐베르크보다 78년이나 앞선 고려 공민왕(1372년)때 만들었다. 청주 흥덕사에서 금속활자로 간행한 「직지」는 실물이 전하며, 우리 민족이 13세기 초에 금속활자를 발명한 문화민족이라는 것을 입증하고 있다. 따라서 「직지」는 기록유산으로서 인류문명사의 가장 위대한 발명품인 동시에 오늘날 인터넷으로 대표되는 정보화시대를 연 증거다.

성공한 사람들은 모두가 메모광이었다는 것을 신문에서 본 적이 있다. 3,400여 권의 메모 노트를 남긴 에디슨을 비롯해서 모자 속에 필기구를 넣고 다녔던 링컨 대통령, 옷에 악상을 그렸던 슈베르트까지 성공한 사람들에겐 그들만의 메모가 반드시 있었다고 한다. 사람의 기억력에는 한계가 있다. 기록이 아닌 기억이나 구전은 시간이 지남에 따라 점차 희미해지고 결국 잊혀지게 된다.

깨진 그릇을 가지고 산 곳으로 갔다. 영수증을 가져오든지 언제 산 것인지 알아야만 교환을 해 줄 수 있다고 한다. 벌써 며칠이 지났기 때문에 영수증은 버렸을 것이고 어제 일도 잘 기억하지 못하는 내게 난감한 일이 아닐 수 없었다. 아무리 뒤적여 보아도 내 일기에는 언제 산 것인지 적어 놓지를 않았다. 그래서 생각해 낸 것이 남편의 수첩이다.

수첩엔 그날의 내 행방이 그대로 적혀 있었다. 이주일 전 화요일, 승용차 5부제 때문에 남편이 차를 가져가지 못해 마침 내가 차를 가지고 출근한 날이다. 종종 이렇게 남편의 메모 덕을 볼 때가 있지만 그릇을 새 것으로 바꿔 가지고 나오면서도 기분은 묘했다. 오늘은 또 뭐라고 적을까. 수첩을 슬쩍 감춰볼까.

시어머니의 뒷모습

시어머니 손가락에선 오늘도 쩔그렁쩔그렁 소리가 난다. 벌써 몇 개월 사이에 7kg이 넘게 살이 빠져서 꼭 맞던 쌍가락지가 손가락에서 휘휘 돌기 때문이다. 어머니께서 위암으로 수술을 받은 지 벌써 다섯 달이 지났다. 어머니는 항암제 치료를 받기 위해 오늘도 나를 따라 나섰다. 병원으로 들어서며 땅이 꺼져라 내쉬는 어머님의 한숨이 며칠 전부터 내리는 장맛비보다 더 꿉꿉하게 가슴을 적신다.

그렇게도 건강하던 시어머님께서 위암이라는 진단을 받았다. 입원해서 10여 일의 검사 결과 동맥경화증에 간염 등 예기치도 못했던 병들이 마구 튀어 나왔다. 72세의 고

령에도 불구하고 잔병 한번 앓지 않았던 분이라 건강하다고 믿었던 자식들을 아연실색게 하고 말았다.

수술 일정이 잡히고 수술실로 들어가던 날. 어머니께서는 수술이 혹시 잘못돼 다시 살아나올 수 없을지도 모른다는 두려움 때문일까, 수술 안하면 안 되느냐고 아들과 며느리의 표정을 살폈다. 그리고 아들의 옷자락을 꽉 잡고 놓지 않았다. 수술 받으면 건강해질 수 있고 간단한 수술이라는 며느리의 말에 어머니께서는 다소 평온을 되찾은 듯싶었다.

당신의 병이 무엇인지도 모른 채 수술실로 들어간 어머님, 그런 어머님의 수술이 혹시나 잘못되면 어쩌나 싶어 가슴 졸이는 자식들, 시간은 왜 그리 더디 가는지. 수술실의 문만 열리면 내 가족인지 촉각을 곤두세운 보호자들은 조그만 소리에도 일제히 소리 나는 곳으로 시선이 쏠린다. 모두가 불안과 초조함으로 얼굴은 근심 기가 가시질 않았다.

오로지 긴 세월을 농사일밖에는 모르고 살았던 어머님의 인생. 아침부터 저녁까지 논과 밭에서 손에 풀물 들이며 살았을 어머님을 생각하니 가슴이 먹먹하다.

한때 나는 시어머니를 한없이 미워했다. 둘째 아이를 낳은 지 이주일 만에 어머님의 생신이었다. 산후 조리가 시원치 않아 그만 두었으면 하는 내 바람과는 달리, 어머니께서는 생일상 받길 원했다. 남의 생일잔치 얻어먹기만 했으니 일 년에 한번뿐인 생일을 해야 한다고 당당히 주장을 하셨다. 이웃 아주머니들의 도움을 받아 생신 준비를 하는 내게 시어머님은 말씀하셨다.

"갖은 고생 다 해가며 키운 아들이니 생일상은 받아야 하지 않겠니? 그러려고 나, 아들 키운 거다."

하면서 당당히 주장을 했던 분이다. 그런 분을 나는 얼마나 원망했던가.

그런데 지금 내 앞에 누워있는 사람은 예전의 자신감 넘치고 당당했던 시어머니가 아니다. 마치 지느러미 잘린 물고기 같은 나약한 한 인간이었다. 목욕을 한다고 뼈만 앙상하게 남은 등을 밀어 달라고 돌아선 어머님. 그런 모습이 내 시야에 들어왔을 때 난 하마터면 소리 내어 울 뻔했다.

퇴원 후에도 항암제 치료를 받는 고통은 말이 아니었다. 주사를 맞고 오는 날은 음식이라고 먹기만 하면 넘겼다. 그러면서 한탄을 한다. 나는 안 먹을지라도 어려운 사람 도와주었는데 왜 이런 몹쓸 병에 걸렸느냐고. 내 삶이 얼마 남지 않았다 싶은 생각이 들면 누구나 더 삶에 애착이 생기는 걸까. 병고에 시달리면서도 '내가 우리 손주 놈 장가드는 건 보고 죽어야 하는데…….' 하면서 삶에 대한 끈은 더욱더 놓지 않으려고 한다.

시어머니는 여전히 심한 통증과 마음대로 먹고 싶은 음식을 먹지 못하는데서 오는 갈등으로 고통스러워한다. 그런 어머님 앞에서 수저를 든 내 손도 무겁다. 통증으로 시달리는 어머니의 모습을 보며 저 모습이 몇 십 년 후의 내 모습은 아니라고 어떻게 장담할 수 있을까.

사월 초파일 절엘 모시고 간 적이 있다. 솜사탕처럼 탐스럽게 핀 수국을 만지면서 혼자말로 되뇐다. '꽃은 피었다 지고 또 이렇게 다시 피는데…….' 수국을 두 손으로 감싸 쥔 시어머니의 뒷모습이 그날따라 더욱 쓸쓸해 보였다.

치료를 끝내고 병원을 나서는 당신의 그림자마저 오늘은 더 가늘고 길어 보인다. 당신의 슬프고 긴 그림자 위로 내 모습이 겹쳐진다.

오동나무

겨울 날씨답지 않게 포근한 휴일 아침이다. 아침부터 남편은 분주하다. 면장갑을 찾고 톱을 들고 나를 앞세워 친정으로 향했다. 오동나무를 올려다보며 장갑을 끼는 남편은 뭔가 자신감에 찬 표정이다. 그런데 아버지의 얼굴은 그리 밝지 않다.

친정집을 '오동나무집' 하면 근처에선 모르는 사람이 없다. 그것은 우리들의 이름이나 번지수보다 스물다섯 해가 넘도록 대문 옆을 지키며 커 온 오동나무 때문이다.

그 나무는 아버지께서 다섯째 딸을 낳던 해에 어린 묘목을 구해다 심은 것이다. 오동나무에는 봉황새만 쉬었다 간다는 옛말이 있지만 주택가에 더구나 정원수로 심어진 오동나무에는 가끔씩 까치와 참새가 와서 쉬었다 가곤 한다. 아마도 깊은 산골에 뿌리를 내렸다면 하는 아쉬움이 오늘따라 더욱 진하다.

오동나무는 봄이면 꽃봉오리가 열매처럼 둥글게 피어난다. 잎이 넓고 잎자루가 길며 잎 뒤에는 갈색 털이 아기 얼굴의 솜털처럼 돋아있는 것이 특징이다. 오뉴월쯤이면 가지 끝에 연보라 꽃이 모여서 피고 10월쯤이면 열매가 익는다. 예로부터 오동나무는 가볍고 무늬가 아름다워서 장롱이나 악기를 만드는 데 많이 쓰였다. 그래서 딸을 낳으면 시집갈 때 장롱을 만들어 준다고 오동나무를 심었다.

친정집 대문 옆에 자리를 잡은 오동나무. 아버지는 거름이 될 만한 채소나 과일 껍질, 먹고 남은 한약재까지 모두 모았다가 먹이를 주듯 퇴비를 주었다. 오동나무는 아버지가 주는 퇴비가 자양분이 되었는지 해가 다르게 잘도 자랐다. 그래서인가. 아버지는 가끔씩 나무를 올려다보면서 대견스러워했다.

비슷하게 지어진 주택가에서 만난 오동나무는 혼탁해진 우리의 시선을 맑게 헹구어 주기도 한다. 봄이면 꽃으로 보는 이의 마음을 온유하게 해주고 여름이면 무성한 잎으로 시원한 그늘을 만들어 준다. 가을이면 마른 오동잎이 서걱이는 소리는 사색의 시간을 만들어 주기도 한다. 나뭇가지에 하얀 눈꽃이 피는 겨울엔 경치 좋은 곳을 일부러 찾지 않아도 창문만 열면 절경을 볼 수가 있다.

그런데 가지가 점점 많아지면서 아버지는 언제부턴가 나무를 베어 버릴 생각을 하신 모양이다. 2미터 남짓한 골목을 꽉 메워버린 오동나무가 혹 남의 집에 폐弊가 되는 것은 아닌가 싶어서이다.

남의 집 대문까지 넘보던 나뭇가지가 이제는 남의 집 마당까지 뻗어 가을이면 온 골목을 어지럽힌다. 아버지는 아침이면 안마당은 물론 골목까지 하루에도 몇 번씩을 쓸고 또 쓴다. 그렇지만 남의 집까지 쓸어 준다고 나설 수는 없는 일이다. 가을이면 낙엽을 하루만 쓸지 않아도 폐가廢家 같다고 불평하던 앞집 아주머니의 말이 몹시도 마음에 걸리셨나 보다. 그래서 나무를 벨 생각을 굳히신 모양이다. 나무를 베어야지 베어야지 하면서도 큰 수술을 두 번씩이나 하신 당신이 감당하기엔 힘이 부쳤는지 하루 이틀 미루어 오기만 했다. 그런 아버지의 마음을 남편이 어느새 읽은 걸까.

아버지는 끈으로 나뭇가지를 묶고 남편은 나무에 올라

가 열심히 톱질을 한다. 가지가 하나씩 하나씩 잘려 나간다. 그것을 바라보는 아버지의 표정은 언젠가도 본 듯하다. 아마도 둥지를 틀어 당신이 키워 오신 자식들을 떠나보내던 때를 생각하시는 걸까. 자식이 하나 둘씩 커서 짝을 찾아 아버지 곁을 떠날 때, 그렇게 쓸쓸해하던 모습이 문득 스친다.

셋째 딸을 출가시키던 날, 아버진 거나하게 술에 취했다. 방금 결혼식을 치른 딸이 공부하던 책상 앞에 한동안 말없이 앉아 계셨다. 아직도 그런 당신의 곁을 떠날 준비를 하는 딸들이 둘이나 남아있다는 것이 어쩌면 아버지를 더 허전하게 한 것일까. 그 때 고등학교 3학년인 막내아들의 손을 잡고 서운한 마음을 풀어놓았다. 누나들은 이십년이 넘게 곱게곱게 길러놨더니 임서방댁되고, 박서방댁되고, 윤서방댁이 됐지만 넌 끝까지 아버지 곁에 있을 거냐고. 그렇게 묻던 그 때의 표정이다. 제법 큰 가지가 남편의 힘찬 톱질에 잘려 요란한 소리를 내면서 대문 쪽으로 쓰러진다.

한 나무에서 뻗은 여섯 개의 가지들. 아버지의 곁을 모두 떠난 자식들처럼 오동나무는 가지를 잘린 채 그 자리에 침묵하고 있다. 그 앞에서 담배를 피워 물고 오동나무를 물끄러미 올려다보는 아버지를 나는 똑바로 바라보지 못했다. 잘린 나뭇가지를 주우려고 허리를 구부리는데 가슴에선 시린 바람이 일고 눈앞이 뿌옇게 흐려온다.

서로 몸을 비비대던 나뭇잎도, 제 몫을 하겠다고 잔바람에 나부대던 나뭇가지도 이제 보이지 않는다. 잠시 앉았다가 쉬어가던 까치도 참새도 지금은 없지만 변함없이 오동나무는 그들이 와서 또 쉴 수 있게 자리를 만들어 줄 것이다.

잘려진 오동나무의 배경이 된 하늘이 오늘은 휑하니 더 넓어 보인다.

오해

"선생님 계시면 좀 바꿔 주시겠어요?"

수화기를 통해 들려오는 여자의 음성은 당돌하기까지 하다. 말없이 수화기를 건네주었더니 남편은 특유의 저음으로 전화를 받는다. 수화기 저편에선 무슨 말을 하는 걸까. 남편은 응, 응, 그래, 하더니 수화기를 제자리에 내려놓고는 주섬주섬 옷을 입는다.

밤중에 어딜 가느냐는 내 물음에 잠깐 나갔다 오겠다고 하고 남편은 휑하니 나가버렸다. 시계의 큰 바늘이 벌써 두 바퀴가 넘게 돌았는데도 남편은 돌아오질 않는다. 입고 나간 남편의 옷차림새로 보아 멀리 가지 않은 것 같은

데……. 시선은 텔레비전에 가 있지만 두 시간이 넘도록 돌아오지 않는 남편 생각으로 맴돌고 있었다.

'수화기가 잘못 놓인 것은 아닐까.' 수화기를 들고 신호음을 확인하려고 하는 순간 내 마음을 눈치라도 챈 것처럼, 잘못 놓여진 게 아님을 확인 시키듯 벨소리가 요란하다.

같은 아파트 1층에 사는 여자는 묻지도 않았는데 친절하게 일러준다.

"자기네 신랑, 놀이터에 어떤 여자랑 앉아 있더라. 내가 보려고 일부러 간 것은 아니고, 우리 애가 옷을 놀이터에 두고 왔다고 해서 찾으러 갔다가 봤어."

스웨터를 걸쳤다. 그리고 놀이터를 향해 뛰었다. 놀이터가 가까워 오자 두런두런 이야기 소리가 들렸다. 발걸음 소리를 죽이고 귀를 쫑긋 세웠다. 굵직한 목소리가 남편임이 분명했다. 그렇지만 거리가 제법 멀어 무슨 이야기를 하는지는 잘 들리지 않았다. 두 사람은 마치 영화에 나오는 연인 같았다. 나란히 그네에 앉아 다정하게 이야기를 하는 모습은 누가 봐도 오해할 만했다. 순간 무슨 나쁜 짓이라도 하다가 들킨 것처럼 가슴이 뛰었다. 뒷걸음질쳐서 놀이터를 빠져 나와 집으로 들어왔다.

냉장고에서 물을 한 컵 따라 단숨에 들이켰다. 거실에서 장난을 치는 아이들을 각기 제 방으로 쫓았다. 그리고는 태연한 척 껐던 TV를 다시 켰다. 얼마가 지났을까. 밤이 깊어진 듯 출연자들의 지친 목소리 사이로 남편의 발걸음 소리가 들렸다.

현관문을 열고 들어서는 남편이 아이들을 부른다. 공부하는 애들은 왜 부르느냐는 나의 신경질적인 소리에도 아랑곳하지 않고 한 톤을 더 높여 아이들을 또 부른다. 방에서 나온 아이들이 아빠가 내미는 비닐봉지를 받아들고 들여다본다. 저희들이 좋아하는 만두라고 소리치더니 식탁으로 몰려간다. 남편은 옷을 벗어 옷걸이에 걸고는 아무 일도 없었다는 듯이 내 옆에 앉아 TV로 눈길을 보낸다.

수목드라마가 끝나고 광고가 나와도 입을 뗄 생각도 않는다. 마치 광고를 처음 보는 사람처럼 눈길을 화면에서 떼지 않았다. 그런 남편이 매끈한 피부에 돋은 뾰루지처럼 쥐어뜯고 싶을 만큼 신경에 거슬린다. 쥐고 있던 리모컨을 모니터를 향해 힘껏 눌러서 끄고 그대로 휙 집어 던졌다. 깜짝 놀란 남편이 나를 쳐다본다. 남편은 제자가 와서 얘기 좀 하고 왔는데 왜 그렇게 신경질적이냐고 오히려 내게 화를 낸다. 제자 만나는 것도 일일이 네 허락을 받아야 하느냐고. 그리고는 안방으로 들어가는가 싶더니 베개를 들고 아들 방으로 들어가 버리는 것 아닌가. 적반하장賊反荷杖이라더니…….

요란스런 화장품 광고가 나오던 텔레비전이 꺼진 거실은 작은 숨소리조차 집어 삼킬 듯 조용하기만 하다. 형광등을 껐다. 베란다 쪽으로 작은 불빛이 새어 들어오고는 있지만 주위는 내 마음만큼이나 어둡고 답답했다.

무슨 일로 집 근처까지 와서 집으로 들어오지 않고 남편을 불러냈을까, 무슨 얘기를 한 걸까, 재학생 제자일까, 아니면 졸업생 제자인가, 제자가 만두는 왜 사가지고 왔지, 그리고 남편이 만두 좋아하는 것은 어떻게 알았을까, 시간이 갈수록 장마에 물 붇듯이 의혹은 늘어만 갔다. 도저히 이대로는 잠이 올 것 같지 않았다.

아들 방문을 열었다. 그리고 불을 켰다. 벽을 보고 웅크리고 누웠던 남편이 벌떡 일어난다.

"S통신에 근무하는 K, 당신도 알지? K가 직장 다니면서 대학에 진학하고 싶다고 진로 문제로 찾아와서 얘기 좀 했다. 이젠 됐냐?"

남편은 불을 끄고 내 등을 떠밀고는 아들 방문을 닫았다. 나는 다시 닫힌 아들 방문을 열고 태연한 척 누워 있는 남편을 일으켜 세웠다.

지갑 속의 애인

시간만 나면 지갑을 열고 들여다본다. 지갑 속에서 두 사람은 얇게 웃고 있다. 그때 마침 핸드폰의 메시지 도착 벨이 울린다.

"오늘도 기분 좋은 하루!"

나도 모르게 입가에 미소가 번진다. 마치 마음에 쏙 드는 새 옷을 입었을 때처럼.

이렇게 아침에 출근을 할 때면 좋은 글귀를 보내주며 하루를 기분 좋게 열어주는 사람. 생각만 해도 가슴이 뿌듯하다. 그러나 얼마 후면 헤어져야 한다. 어떻게 보내야 할까. 보내고 어찌 살아야 하는지 눈앞이 먼저 흐려진다.

그 사람은 내가 온실 속에서 자란 화려한 꽃보다 우리 야생화를 더 좋아하는 것을 잘 안다. 또 무슨 색을 좋아하며 어떤 옷을 즐겨 입는지 관심이 많다. 새로 옷을 사 입었어도, 머리 모양이 바뀌어도 잘 모르는 남편과는 다르다. 머리를 조금만 잘라도 머리 잘랐네요, 하고 금방 알아차린다. 새 옷을 입는 날은 그 옷이 내게 잘 어울리는지, 어색한지를 예리하게 말해주곤 한다.

얼마 전엔 갑자기 내 손을 이끌고 열대어 파는 곳으로 들어갔다. 조그마한 어항에 열대어를 골라서 몇 마리 넣는다. 죽이지 말고 정성들여 잘 키우라며 내 손에 전해 주었다. 엉겁결에 받아 들긴 했지만 자신이 없었다. 그렇지만 잘 키우겠노라고 했더니 그의 표정이 환해진다.

오랜만에 그가 먼저 저녁을 같이하자고 제의를 했다. 약속 장소인 ㅇㅇ 은행 앞에 서 있는 그가 눈에 확 띈다. 먼데서 보아도 헬스로 다져진 몸매와 180cm의 후리후리한 키, 벌어진 어깨는 내 가슴을 두근거리게 한다. 탤런트 장동건을 생각나게 하는 잘생긴 턱선과 쌍꺼풀이 지진 않았지만 웃을 때 눈이 먼저 웃는 듯한 인상. 하얀 피부 빛과 잘 어울리는 갈색의 염색머리와 여자 손처럼 기다란 손가락이 퍽 인상적이다. 나를 보더니 손을 번쩍 들어 흔든다.

어디로 가느냐는 내 물음에 내 팔을 잡아끌면서 그냥 따라 오기만 하란다.

식당인 듯 입구에서부터 요즘 유행하고 있는 자두의 「김밥」이라는 노래가 어깨를 들썩이고 싶을 만큼 흥을 북돋워 준다. 계단을 내려가다가 말고 그는 흥에 겨운 듯 춤을 한 번 추고는 내 눈치를 흘낏 보더니 씩 웃는다. 그를 따라 들어간 곳은 제법 분위기가 느껴지는 X세대들이 많이 찾는 신세대풍 레스토랑이다. 종업원이 메뉴 판을 들고 오자 나에게 뭘 드시겠냐며 정중히 묻는다. 그의 주머니 사정을 생각해서 돈가스를 먹겠다고 하자 오늘은 조금 더 비싼 것을 먹어도 괜찮단다. 주문한 음식이 오기 전에 와인이 먼저 나왔다. 잔을 부딪치며 한 잔 마시고 이렇게 얼굴을 마주보고 앉아 있으려니 함께 있으면 좋은 사람이란 시가 떠오른다.

그대를 만나던 날
느낌이 참 좋았습니다.

…중략…

내가 하는 말들을
웃는 얼굴로 잘 들어주고
어떤 격식이나 체면차림 없이
있는 그대로를 보여주는
솔직하고 담백함이
참으로 좋았습니다.

그대가 내 마음을 읽어주는 것만 같아
둥지를 잃은 새가
새 둥지를 찾은 것만 같았습니다.

…중략…

그대는 함께 있으면 있을수록
더 좋은 사람입니다.

– 용혜원, 「함께 있으면 좋은 사람 중에서」

내 얼굴을 물끄러미 오래도록 바라보더니 요즘 많이 피곤해 보인다며 쉬엄쉬엄 하란다. 내 긱정 말고 술 좀 많이 마시지 말라고 눈을 흘겼다. 나는 늘 이렇게 잔소리꾼처럼 말을 하는데도 그는 싱글싱글 웃을 뿐이다.

식사를 마치고 나오자 나를 데리고 간 곳은 서점이다. 아르바이트를 해서 돈이 좀 남았는데 책을 한 권 사주고 싶다고 한다. 그래서 평소에 내가 읽고 싶었던 작가의 수필집을 골랐다. 그랬더니 시집도 한 권 더 사라고 한다. 시집까지 한 권 사서 들고 나오는데 서점 주인도 부럽지 않을 만큼 뿌듯하다.

백화점 옆을 지나는데 이미지 사진 전문점이라는 글씨가 보인다. 그래서 이번엔 내가 그의 손을 이끌고 들어갔다. 머리도 안 감고 옷도 엉망인데 하면서 자꾸만 빼는 그를 의자에 앉혔다. 빗질을 해서 그의 머리를 단정히 해주고 나도 머리 모양을 다듬었다. 얼마 후면 보고 싶어도 자주 볼 수 없을 테니까 다정한 모습을 사진으로 남겨야 된다고 우겼다. 그리고 예쁘게 찍어 달라는 말도 빠뜨리지 않았다.

떠날 날을 한 달여 남겨 놓았다. 그동안 나는 그를 위해서 무엇을 해야 하는 것일까. 그냥 옆에 있다는 사실만으로도 든든하고 누가 나에게 이런 인연을 선물로 주었나 생각하면 한없이 고맙기만 한데…….

웃을 때 눈이 먼저 웃는 듯한 남편의 그 인상을 좋아했는데 영락없는 판박이다. 날 두고 떠나도 지갑 속의 애인은 여전히 변함없는 모습으로 내 어깨를 감싸고 있겠지.

콩 나무와 콩나물

아직 김이 나는 밥을 한 술 떠서 입에 넣으려는데 갑자기 목이 꽉 멘다. 요즘 두 끼만 먹고 살고 있다는 아들의 말이 생각나 들고 있던 수저가 무겁다.

뉴질랜드로 떠나던 날, 이제 몇 시간 후면 저 혼자 헤쳐나가야 할 일들로 긴장이 되어서일까. 아들아이는 바짝 마른 입술에 자꾸만 침을 바른다. 처음 가보는 곳인데 어찌 불안감이 없으랴. 그동안 썼던 핸드폰을 말없이 어미 손에 쥐어준다. 그러면서 나와 눈을 마주치려 하지 않는 굳은 표정이다. 나도 애써 아무렇지 않은 표정으로 아들아이를 지켜봤지만 공항 출국장 자동문이 닫히는데 그만 눈앞이 뿌옇게 흐려졌다.

집에 돌아와 주인 없는 빈 방을 열어본다. 아직도 아들의 냄새가 채 가시지 않은 그 공간이 왜 그리 휑하니 넓어 보이던지. 금방이라도 엄마를 부르며 현관문을 들어설 것 같아 자꾸만 문 쪽으로 눈길이 머문다. 집안이 다시 텅 빈 듯 허전하다. 군대 보냈을 때는 먹는 것, 자는 것 근심은 덜었는데 또 다른 걱정과 생각들이 마음을 뒤흔든다.

아들은 제대 후 한 학기 휴학하면서 어학공부를 하고 싶다는 이야기를 조심스럽게 꺼냈다. 남편은 흔쾌히 승낙을 했지만 나는 달랐다. 매일같이 온기 없는 식탁에서 혼자 먹는 밥은 무슨 맛이 있으랴. 꼭 깨워야만 일어나는 잠버릇은 또 어찌할 것인지. 우선 말이 통하지 않는 답답함은 어떻게 해결해 나갈는지 이런저런 걱정뿐이었다. 낯설고 물 설은 곳에서 아들아이 혼자 모든 것을 해결해야 한다는 불안감이 무엇보다 나를 더 힘들게 했다. 그렇다고 자식을 언제까지 울안에서만 가둬 키울 수는 없는 일이다. 그대로 울타리 안에 묶어 두기엔 아들아이의 꿈이 구체적이고 명확했다.

광야로
내보낸 자식은
콩 나무가 되었고,

온실로
들여보낸 자식은
콩나물이 되었고,

– 정채봉의 『처음의 마음으로 돌아가라』에 실린 시 「콩씨네 자녀교육」

콩 나무를 콩나물로 만들 수는 없다. 젊은 시절의 도전과 시련은 한번 해볼만 하지 않은가. 서둘러 아들아이를 비행기에 태웠다.

언제든지 버튼만 누르면 국제전화도 할 수 있는 시대이고 목소리를 들을 수 있다. 보고 싶은 마음은 하루에도 몇 번씩 전화를 하게 만들었다. 걱정스런 내 목소리와는 달리 아들아이는 낯선 땅이라는 불안감보다는 한국과는 다른 이국異國이라는 호기심에 들떠 있는 듯싶었다. 아마도 아들아이는 지금 자신의 꿈과 마주 서 있기에 그 어느 것도 두렵지 않을 것이다.

남들은 아직 늦잠에서 헤어나지 못하고 있을 휴일의 이른 아침. 우리나라보다 세 시간 빠른 타국에서 아들아이는 무엇을 하는지 궁금했다. 엄마다, 하니까 아들아이는 대뜸 아버지 메리야스 사 드리세요, 하는 것이 아닌가. 무슨 말이냐는 내 물음에 출국하기 전날 다 해진 메리야스를 입고 잠이 든 아버지를 보았단다. 자신이 결코 넉넉한 형편이 아님을 누구보다 잘 안다고. 그럼에도 불구하고 선뜻 유학을 보내준 부모님 생각에 더 열심히 공부해야겠다는 생각을 굳혔다니……. 코끝이 찡하다.

가슴이 타는 듯 뜨거워진다. 남편에게 아들이 메리야스 사주라고 한다니까 왜냐고 이유도 묻지 않는다. 군 입대를 할 때도 외국으로 유학을 보내도 언제나 얄밉도록 평상심을 잃지 않는 남편이다.

그곳에서는 물도 한 병에 우리나라 돈으로 환산하면 이천 원 정도라고 한다. 거기다가 한 끼에 칠, 팔천 원 이상하는 밥을 매끼니 마다 돈 주고 사 먹는 것은 외화 낭비고 살도 좀 빼야 할 것 같다나. 집에서 학교 다닐 때도 학교 구내식당 삼천 원짜리 밥도 아까워서 이천 원짜리 점심을 먹는 아들인데 그것을 어미인 내가 왜 모르랴. 하루 두 끼만 먹어도 괜찮다는 말에 그만 목이 콱 멘다.

예전에 친정어머니는 아버지께서 출장을 가시면 언제나 아버지 밥그릇에 밥을 퍼서 부뚜막 위에 놓아두곤 하셨다. 누구든 자리를 비운 가족의 밥을 떠놓아야만 그 사람이 배를 곯지 않는 거라던 생각이 났다. 아들이 앉던 식탁에 밥을 퍼놓았다. 오빠도 없는데 밥은 왜 펐느냐고 딸이 묻는다. 어떻게 알았을까. 너희 오빠 밥 굶지 말라고 떠 놓는 거라며 남편이 답변을 한다. 수저를 들다 말고 남편은 아들이 앉던 빈 의자를 가만히 만져본다.

한여름 밤의 에피소드

시커멓던 남편의 엄지발톱이 빠졌다. 쭈글쭈글하게 제 모양도 찾지 못하고 새로 올라오던 발톱이 간신히 붙어 있던 것을 밀고 올라온 것이다. 걸을 때나 앉았다가 일어설 때 엄지발톱이 축이 된다는 것을 남편이 엄지발가락을 다치고 절실히 깨달았다.

여름하면 내게는 화석처럼 박혀 있는 남편과의 잊지 못할 추억이 먼저 떠오른다. 해마다 여름이면 모임에서 부부가 함께하는 여행이 벌써 몇 년째다. 몇 해 전 대천항에서 배를 타고 30분쯤 들어가는 자그마한 섬 원산도에 갔을 때다. 부드러운 모래가 발에서 스르륵스르륵 밟히는 촉감과 가볍게 와서 부서지는 파도소리. 멀리 희미하게 안개에 둘러싸인 작은 섬은 주변의 풍경과 어울려 평화로웠다.

그러한 평온도 잠시였다. 남편의 친구들은 술 마시기 시합이라도 벌어진 듯 주거니받거니 술잔이 끊임없이 오가고 있었다. 그러나 같이 간 아내들은 분위기를 깨고 싶지 않아서였을까. 누구 하나 나서서 말리는 사람은 없다. 혼자서 바다를 거니는 사람도 있고 모여 앉아 이야기를 나누는가 하면 옆에서 열심히 술 안주꺼리를 구워주며 방관하듯 바라보고만 있다.

밤바다가 보고 싶은 마음에 맨발로 모래밭을 향할 때였다. 남편이 평소 부르지 않던 호칭으로 "김 여사"를 부른다. 이것은 돌발상황이거나 자신이 곤란할 때마다 쓰는 남편 특유의 버릇이다.

귀에 벌레가 들어갔다고 야단법석을 떤다. 밝은 쪽으로 와서 불빛에 비춰 봐도 들어갔다는 벌레는 보이지 않는다. 푸드득거리는 소리 때문에 도저히 신경 쓰여 아무것도 할 수 없다고 빨리 빼달라니 아무런 도구도 없이 나로서는 막막하기만 했다.

훅훅 바람을 불어 넣어 보기도 하고 성냥개비로 귀를 후벼봤지만 벌레라는 놈은 그림자도 보이지 않는다. 어찌

할 바를 모르고 서 있는 내게 남편은 미간을 찌푸린 채 아이가 엄마 보채듯 칭얼댄다. 그 광경을 지켜보던 친구들이 한 가지씩 방법을 제시한다.

먼저 주변에 불을 모두 끄고 손전등으로 귀를 비춰 보자고 한다. 그러나 소용이 없다. 또 담배를 깊이 빨아서 연기를 귀 속으로 불어 넣어 보자고 해서 그 처방도 써 봤지만 효과가 없다. 사람이 여럿인 만큼 의견도 방법도 가지가지다. 누군가는 미안하지만 귀를 힘껏 빨아보면 흡입력에 의해 나올지도 모른다고 그렇게 해도 되겠냐고 묻는다. 다급한 남편은 무슨 방법인들 마다하겠는가. 어떤 사람은 가느다란 마른 나무 가지를 구해 가지고 와서 면봉처럼 화장지를 도르르 말아서 후벼보기도 해봤지만 백 가지 처방이 무효였다. 써 보고자 하는 방법은 모두 썼지만 그 놈의 벌레는 계속 남편의 청각 신경을 곤두세우기만 하지 자취를 보이지 않았다.

벌레의 날갯짓이 심해질수록 남편의 짜증은 도를 넘어섰고 급기야 우리 부부는 친구들 앞에서 서로 목청을 돋워 싸우기 시작했다. 당장 집으로 돌아가고 싶었다. 그러나 그것은 마음뿐이었다. 조그만 섬이라 배가 하루에 네 번 밖에 다니지 않고 벌써 막 배가 떠났으니 가고 싶어도 꼼짝없이 날이 밝아야만 섬에서 나갈 수 있었다. 답답한 마음을 달래려고 혼자 바닷가로 나왔다. 불빛만 보고 걷다보니 귀에 익은 남편의 목소리가 들린다. 쳐다보지도 않고 더 빠른 걸음으로 걸었다. 미안하다고 어깨를 툭치는 남편의 목소리에 조금 전의 당당한 기세는 없었다.

내 탓인 것처럼 또 소리를 질러 보라는 내 말에 남편은 내 팔짱을 쓰윽 낀다. 당신도 귀에서 벌레가 푸드득거린다고 생각해 봐라, 아마 나보다 더하면 더했지 덜하진 않았을 거라며 팔에 더 힘을 준다. 벌레는 어떻게 됐느냐고 묻자 힘이 빠졌는지 아까보다는 덜 퍼덕거린단다. 덕분에 우리는 밤바다를 거닐며 오랜만에 진지하게 이야기를 했다. 그런 우리에게 달님은 오래오래 그림자를 만들어 주었다.

벌레 때문에 잠을 설친 우리 부부는 일찍 나가서 병원에 가서 벌레를 빼라는 친구들 이야기를 무시하고 끝까지 함께했다. 나오는 날이 마침 일요일이고 그때 이미 벌레는 죽어서 더 이상 소리를 내지 않았기 때문에 사흘째 되는 날 병원을 갔다. 남편의 귀에 불법침입한 벌레는 파리만 한 작은 나방이었다. 의사선생님은 남편의 참을성을 칭찬했다. 원산도의 에피소드는 이렇게 끝이 났지만 ○○수련원에서의 한여름 밤의 추억은 명예롭지 못한 계급장을 남겼다.

어디를 가든 자신이 나서지 않으면 안 되는 것처럼 모든 일에 앞장 서는 게 남편의 버릇이다. 저녁을 수련원의 구내식당에서 마치고 탁구를 하기로 하고 강당으로 들어갔다. 여자들은 삼삼오오 모여서 커피를 마시고 있는데 남편이 절룩거리며 다가온다. 일 잘 저지르기로 소문난 남편을 보는 순간 또 가슴이 덜컥 내려앉는다.

남편이 신고 있는 양말이 피가 흥건하다. 양말을 벗기는 순간 그 자리에 털썩 주저앉았다. 발톱이 뭉그러진 것처럼 획 돌아가 있는 것이 아닌가. 빨리 응급실로 가라는 친구들 말에 남편을 차에 태워 당직병원을 찾았다. 응급실에서 X-ray를 찍으니 엄지발가락 뼈가 7~8조각으로 산산조각이 났단다. 앞이 깜깜했다.

한쪽에 세워진 접이식 탁구대를 옮기고 돌아서는 순간 남편의 엄지발가락으로 탁구대가 넘어졌단다. 당장 입원해서 수술해야 한다고 의사는 서둘렀다. 많이 아프겠다는 내 말에 남편은 아프지 않다는 말만 되풀이한다. 그런다고 내 불편한 마음이 없어지는 것도 아닌데…….

같이 수련원에 모였던 친구들이 병문안을 와서 한 마디 한다.

"아무튼 과붓집 수캐같이 일만 저지르는 저 놈 데리고

사느라 고생 많습니다요." "제가 또 누굽니까? 저지르는 일 잘 추스르는 명수잖아요?"

남편 친구들의 웃음소리가 병원을 뒤흔든다.

4부
비밀번호

무거운 여행 가방

냄새

비밀번호

오클랜드에서

타국에서 부르는 아리랑

드라마 같은 현실을 꿈꾸며

무거운 여행 가방

처서處暑가 지나고 맞는 새벽은 한기를 느끼게 한다. 그래도 크레졸 냄새 가득한 건물에서 혼자 마음 졸이고 계실 친정어머니 생각을 하니 내가 느끼는 한기마저도 사치지 싶다.

이른 아침 커다란 가방을 들고 혼자서 택시를 탔다. 고속터미널이요, 하고 목적지를 이야기하자 택시 운전기사가 백미러로 내 표정을 슬쩍 훔쳐본다. 휴일 아침의 거리 표정은 그저 한가롭고 평화스럽다. 택시 운전기사가 간간이 뒷좌석의 나를 거울로 살핀다.

뭔가 할 말이 있는 사람처럼 한참을 쳐다보기도 하면서

망설이는 것 같다. 이른 새벽 평화스러움을 깬 이방인이라도 보는 것처럼 낯설어서일까. 뒷좌석의 나를 그렇게 한참씩 쳐다보곤 한다. 혼자말인 듯 똑똑히 들리지도 않게 웅얼거리기도 한다. 이렇게 이른 새벽에 어디를 가느냐고 묻고 싶은 것이었을까. 머리는 대충 질끈 묶고 여행 가방 같은 큰 가방을 들고 고속버스 터미널로 가자는 여자. 내가 생각해도 호기심을 불러일으킬 만하다

시선이 부딪치면 운전기사도 또 나도 불편함을 털기라도 하듯 이내 딴곳을 주시한다. 길 한가운데서 넘어졌을 때 남들이 쳐다보는 것이 창피해서 아픈 것을 참고 애써 아무렇지도 않은 척하는 것처럼 부자연스럽고 힘들다.

평소에 15분쯤 걸리는 거리였는데 7분 만에 목적지에 다다랐다. 멍하니 앉아 있는 내게 운전기사는 다 왔다고 하면서 몸을 돌려 나를 쳐다본다. 깜짝 놀라 서둘러 내리는데 끝끝내 궁금했는지 기어코 한마디 던진다. "어디 혼자 여행 떠나시나 봐요." 하면서 내 대답을 기다리는 눈치다. "네," 하는 짤막한 대답을 하고 택시를 내렸다.

고속버스 터미널도 몇몇 사람만이 눈에 띌 뿐 한가하다. 당직을 한 것일까. 이른 새벽에 나오느라 잠을 덜 깬 것일까. 매표원 아가씨가 손을 입에 대고 하품을 하면서 행선

지와 시간을 묻는다. 지금 바로 갈 수 있는 표로 달라고 하자 기계가 움직이듯 아무런 표정도 없이 키보드를 '탁' 치더니 표를 내민다.

왼손엔 버스표를 들고 오른손으론 가방을 들고 내가 타야 할 서울행 6시 50분차 우등 고속을 찾았다. 맨 앞좌석의 3번이 내 자리였다. 짐 싣는 곳에 가방을 두고 싶어도 기억력이 형편없어 깜빡 잊고 그냥 내리게 될까봐 발 앞에 가방을 놓았다.

바로 앞에 공중전화가 있다. 카드를 넣고 동생의 집에 전화를 눌렀다. 신호는 계속 가는데도 받지를 않는다. 수화기를 내려놓고 돌아와 앉았다. 옆 좌석에 앉은 중년 남자 둘이 나를 힐끗힐끗 쳐다보는 것이 영 신경에 거슬린다.

창 밖을 내다보니 어느새 들판은 누런 황금 들녘으로 변하고 있다. 고개 들어 올려다 본 하늘은 맑고 푸르다. 초조하고 답답하던 마음도 다소나마 가라앉는 듯하다.

옆 좌석의 남자 둘은 이런저런 이야기를 두런두런하다 말고는 고개를 돌려 나를 한참씩 쳐다보곤 한다. 내가 아마도 그들의 이야기 대상이 된 것 같아 귀를 기울였다. 고속버스의 엔진 소음이 커서인지 잘 들리지 않았다. 부부싸움이라도 하고 훌쩍 집을 나온 여자로 보는 걸까. 흘깃흘깃하는 그들의 곁눈질이 나를 영 편치 않게 만든다. 이 사람들도 방금 전에 내가 탔던 택시의 운전기사처럼 큰 여행가방을 들고 이른 아침에 고속버스를 탄 내가 궁금한 것일테지.

옷매무새를 매만져 본다. 머리도 풀어서 손으로 빗질을 해서 단정하게 다시 묶는다. 그래도 젖은 옷을 그냥 입고 있는 것 같은 눅눅하고 칙칙한 기분을 떨쳐버릴 수가 없다.

버스의 좌석이 약 30석쯤 될까. 몇 명 되지는 않지만 버스를 타고 있는 사람들을 생각해 보았다. 각기 다른 모습으로 각양각색의 삶을 살아가는 사람들. 기쁨을 안고 버스를 탄 사람. 또는 슬픔이나 그리움을 안은 사람을 한 공간에 태워서 이른 새벽 같은 목적지를 향해 가고 있다. 그렇지만 버스에서 내리면 서로 다른 목적지를 향해 뿔뿔이 흩어질 사람들.

누군가의 핸드폰이 조용한 차안의 분위기를 깬다. 지금 어디쯤 왔느냐고 묻는 걸까. 양재동 톨게이트라고 말하는 소리가 들린다. 수화기 저편의 사람이 이번엔 뭐라고 했을까. 하하하 웃는 웃음소리가 꽤 유쾌하게 들린다. 나도 모르게 웃음소리가 나는 곳으로 고개를 돌렸다. 내 옆 좌석의 남자들도 모두 그 쪽으로 고개를 돌려 쳐다본다. 그제야 다른 사람의 시선을 의식했는지 고개를 숙이고 목소리를 한 톤 내려 조용조용 이야기한다. 바로 이 순간 저토록 유쾌하게 웃을 수 있는 그 사람이 부러웠다.

사람은 살아가면서 누구나 어려움과 시련을 겪게 된다. 때로는 비참하고 잔인하다고 할 만큼 슬프고 아프게 할 때가 있다. 사실 기쁘고 즐거운 일보다는 슬프고 아픈 일이 많은 게 우리 삶의 속성이라고 하지 않는가. '손톱은 슬플 때 자라고 발톱은 기쁠 때 자란다.' 는 속담이 있다. 발톱보다는 손톱을 더 자주 깎게 되는 것처럼 기쁜 일보다는 슬픈 일을 더 많이 겪으면서 살아가야 하는 우리의 인생 모습을 말해 주는 것이라는 글을 어느 책에선가 읽은 기억이 난다. 언제나 평온하고 즐거운 일들만 있었으면 하는 바람은 비단 나만의 바람은 아니리라.

핸드폰으로 통화를 하던 사람은 이따가 보자며 핸드폰을 닫는다. 태양은 제 모습도 선명히 드러내지 않고 벌겋게 안개 속에서 뜨는 해처럼 뿌옇게 세상을 비추고 있다. 저 햇살이 이른 새벽의 한기를 얼마나 가시게 해줄는지. 청계산 달래내 고개를 지나서 버스는 어느새 강남 터미널로 들어선다.

잠을 자던 사람도, 이야기를 하던 사람도, 옆 좌석에 있던 두 남자도 성급히 자리를 털고 일어선다. 버스에는 미련도 없다는 듯이 내려버린다. 나도 가방을 들고 일어섰다. 택시 정류장에 서 있다 보니 나를 흘깃거리던 두 남자가 자판기 커피를 들고 내 뒤에 와서 선다. 그 때 택시 한 대가 내 앞으로 다가온다.

"S병원이요."

냄새

내소사 입구가 전어 굽는 냄새로 가득하다. 전어 굽는 냄새에 집 나간 며느리도 돌아온다는 속담이 있다. 그곳을 지나는 사람들이 모두 한마디씩 한다. 냄새 죽인다 죽여, 하면서 입맛들을 다시면서도 절이라는 것을 의식했음인지 그냥 지나친다. 하필이면 사찰 입구에서 냄새를 피워야만 하는지, 곱지 않은 시선을 거두며 일주문을 들어선다.

몇 발자국 걷지 않았는데 어디선가 솔잎 내음 같은 신선한 향이 코끝을 간지럽힌다. 절 입구에서 맡던 생선 굽는 냄새와는 전혀 다르다. 주위를 둘러보니 내 키의 서너 배쯤 되는 쭉쭉 뻗은 전나무에서 풍기는 향기였다.

들숨만 쉴 줄 아는 사람처럼 길게 숨을 들이마시면서 나무를 올려다보았다. 오로지 하늘만 향해 솟은 듯 뻗은 가지와 잎들이 가는 바람에 흔들리며 무감각해진 후각을 자극한다. 그동안 생활에 찌들었던 영혼과 마음까지도 말끔히 씻어주는 듯 신선함이 온몸을 감싼다.

이렇게 기분 좋게 해 주는 냄새가 우리 주변엔 얼마나 많은가. 늦은 밤 문을 열고 종종걸음으로 들어서는 남편의 옷에 묻어온 바람風 냄새가 좋다. 또 시골집 아궁이의 마른 장작 타는 매캐한 내음이 도시에서 가스보일러를 돌리며 사는 우리들에게 가끔씩 그리운 냄새가 아니던가.

비 오는 날, 습기로 가득 찬 공간에서 마시는 커피 향은 나에게 깊이 생각할 수 있는 여유를 만들어 준다. 그리고 가시가 가슬가슬 돋은 오이를 한 입 베어 물었을 때의 그 상큼한 향과, 긴 생머리의 아가씨가 머리를 쓸어 올릴 때 나는 샴푸 냄새는 내 풋풋했던 20대를 생각나게 한다.

성질이 칼칼했던 시어머님을 생각나게 하는 것은 볕이 잘 드는 장독대의 항아리 뚜껑을 열었을 때 풍기는 고추장 냄새다. 시내버스 안의 술이 얼근하게 취한 분에게서는 나를 "얘야, 아가" 하고 불러주던 시아버님 냄새를 맡는다.

운동을 막 끝내고 돌아온 아들녀석에게선 사람 사는 냄

새가 나서 좋다. 법당에 들어서면 은은히 풍기는 향 냄새는 조급한 내 성격을 적당히 조절해주는 완화제 같다. 또 새 옷을 샀을 때 새 천에서 나는 냄새는 처음으로 데이트 신청을 받았을 때처럼 설렌다.

이른 아침 현관문을 열고 신문을 집어 들었을 때 풍기는 잉크 냄새는 하루를 팽팽하게 열어주는 긴장감을 안겨준다. 거품을 잔뜩 묻혀 면도를 하고 난 남편에게서 풍기는 스킨 냄새는 신혼시절을 생각나게 한다.

눈 내리는 겨울 밤 군고구마를 굽는 곳을 지나다보면 그 옛날 할머니가 화롯불에 구워 주시던 그 추억이 생각나 그냥 지나치질 못한다. 쌀통을 열면 어린 시절 숨바꼭질할 때 숨던 할머니 집 곳간 냄새 같아, 코흘리개 시절 친구들도 보고 싶고 사진에서나마 인자한 모습을 볼 수 있는 할머니가 더 그립다.

요즘 아이들이 갖고 노는 불꽃놀이 장난감. 그것이 터지는 냄새를 맡으면 운동회날 달리기할 때 선생님이 쏘던 화약총 냄새가 간절하다. 무더운 여름 소나기가 한 줄금 쏟아진 후 나는 흙냄새는 또 얼마나 정겨운가.

바싹 잘 마른 빨래에서 나는 햇빛 냄새. 들길을 걸을 때 풍기는 상큼한 풀 향기. 밥을 지어서 금방 뚜껑을 열었을 때 피어오르는 밥 냄새. 찬바람이 불 때 어느 집에선가 새어나오는 청국장 끓이는 냄새.

세상에는 이러저러한 냄새가 얼마나 많은가. 그러나 사람에게서 풍기는 은은한 그 사람만의 고유한 향기를 나는 무엇보다도 좋아한다. 그래서 누가 무슨 냄새를 가장 좋아하느냐고 물으면 나는 말한다.

사람은 누구나 저마다 특유의 파장을 가지고 있다고 한다. 어떤 사람과 말이 잘 통하면 그것은 그 사람과의 주파수가 잘 맞는다는 뜻이기도 하듯이. 그 사람의 이름만 떠올려도 기분이 좋아지는 사람이 있는가 하면, 얼굴만 떠올려도 기분 상하고 짜증나는 사람이 있다. 나와 주파수가 잘 맞는다고 자타自他가 공인하는 친구가 하나 있다. 나는 그에게서 들국화 향을 떠올리는데……. 과연 내게서는 어떤 냄새가 날까.

내소사를 나서는데 냄새의 유혹을 이기지 못하는 사람들 발길이 전어 굽는 곳으로 향하고 있다.

비밀번호

답답하다.

거실에서 등을 지고 컴퓨터에 몰두해 있는 남편의 등 때문일까. 자꾸만 베란다 문을 활짝 열고 싶어진다. 요즘 들어 컴퓨터 앞에 오래도록 앉아있는 남편의 뒷모습을 보는 일이 잦다. 게임을 하는 것은 아닌데 무엇이 남편을 컴퓨터 앞에 묶어 두는지 부쩍 궁금증이 인다. TV를 보는 척하다가 일어나서 주방으로 일도 없이 왔다갔다 하면서 살핀다. 그런 나를 의식한 듯 재빠르게 오른손으로 마우스를 눌러 다른 창을 올린다. 평소엔 굼뜨기가 소 같은 사람이 이럴 때는 마치 고양이한테 쫓기는 쥐보다 더 빠르다.

뭐하느냐고 참견할라치면 얼른 창을 다른 데로 돌리며 딴청을 한다. 그리고는 나를 힐끔 쳐다보며 보던 드라마나 계속 볼 것이지 왜 쓸데없이 관심 쓰느냐며 면박을 준다. 남편의 그런 행동이 나를 더 자극시킨다.

시류에 따라 살다보니 비밀번호를 만들어야 하는 경우가 종종 있다. 은행에 통장을 개설해도 예전에는 본인 도장만 찍으면 되던 것이 요즘은 카드로 현금을 찾다보면 비밀번호를 꼭 만들어야 한다. 또 인터넷에서 필요한 정보를 찾거나 물건구입을 하는 경우에도 회원가입을 하고 ID를 만들고 비밀번호를 입력해야만 정식 회원이 된다.

특히 인터넷에서 여러 개 사이트에 비밀번호를 통일하지 않고 만들어 놓으면 낭패 보기 십상이다. 사이트마다의 비밀번호를 기억하지 못하면 회원 가입을 해놓고 들어가지 못하고 문 밖에서 서성이다가 결국은 쫓겨나는 신세가 되기도 한다. 그래서 많은 사람들이 기억하기 좋은 자신의 생일이나 기념일, 또는 전화번호를 비밀번호로 쓰기도 한다.

카드를 주운 사람이 가장 많이 써 보는 번호가 생일이나 전화번호라고 하니까 그것이 아닌 기억하기 좋은 번호를 만들어야하는데 그것도 그리 쉽지만은 않다. 그래서 잃어버렸을 때를 생각해 더러 어떤 사람들은 머리를 쓰기도 한다. 그 순간 날짜와 시계가 가리키고 있는 시간을 보고 비밀번호로 하기도 하는데 기억력이 뛰어나야 한다. 나중에 그것을 기억해내지 못하면 오히려 일이 더 복잡해지기 때문이다. 언젠가 TV 베스트극장인 것으로 기억이 나는데 이런 드라마를 본 적이 있다.

아들 셋과 딸을 하나 둔 노인이 아내를 잃고 혼자가 되었다. 아들들은 서로 모시지 않으려 하고 딸도 친정아버지를 모실 형편이 되질 않아서 아버지는 방 한 칸을 얻어 혼자 생활을 한다. 그런 아버지를 걱정하는 것은 늘 딸이었다. 아침이면 일어나 경로당에서 그럭저럭 하루를 보내고 저녁이면 집으로 돌아가면서 딸에게 전화를 한다. 궁금한 딸의 안부를 물으며 잘 있다는 아버지의 목소리를 습관처럼 들려주곤 한다.

그러던 아버지가 어느 날 갑자기 돌아가셨다. 자식들은 장례를 치르고 아버지의 유품정리를 하다가 돈이 꽤나 들어 있는 예금통장을 발견한다. 자식들은 그 돈을 찾으려고 갖은 방법을 동원해 애를 쓰지만 비밀번호를 찾지 못한다. 결국 비밀번호를 알아내는 사람이 그 돈을 모두 차지하기로 한다. 자식들은 나름대로 머리를 짜고 별의별 생각을 다 해가며 번호를 찾지만 번번이 실패한다. 딸은 아버지의 발자국을 더듬어가며 차근차근 집에서부터 출발해 아버지의 하루 일과를 되짚어 보기로 한다. 그러다가 아버지가 집에 들어가기 전에 자신에게 전화를 걸던 생각을 해내고 집 근처의 공중전화로 들어간다. 날이 저물어 쓸쓸하게 혼자 집으로 돌아가시는 아버지. 저녁은 어떻게 하셨느냐고 묻던 자신에게 아버지는 자장면 한 그릇 먹고 들어가마, 하던 아버지가 생각 난 것이다. 바로 그 때 중국집 전화번호가 크게 다가온다. 중국집 전화번호를 비밀번호로 입력하자 그렇게 찾고 싶었던 돈을 찾을 수 있었다.

비밀번호라는 것은 말 그대로 비밀인 것이다. 남들이 어렵지 않게 알아 낼 수 있는 생일이나 전화번호는 이미 비밀로의 가치가 없다.

오늘은 남편의 메일을 열어 보고 싶은 충동이 하루 종일 나를 컴퓨터 앞에서 떠나지 못하게 한다. 아닐 것이 뻔한 줄 알면서도 생일을 비밀번호로 넣었더니 로그인 실패로 나온다. 전화번호와, 핸드폰 번호도 아니다. 시아버님 생신과 시어머님 생신, 그리고 시댁의 번지수에 남편의 학번에, 교사로 첫 발령 받은 날까지 넣어 보지만 메일은 그리

쉽사리 열리지 않는다. 혹 내 생일 아니면 결혼기념일로 비밀번호를 한 것은 아닐까. 조심스럽게 자판을 눌러 보지만 로그인 실패라는 단어가 나를 비웃듯이 모니터 화면을 꽉 메운다. 다시 이것저것 남편과 관련된 숫자를 넣어 보지만 등지고 앉은 남편처럼 벽뿐이다. 지칠 대로 지쳐 있는데 언젠가 남편이 들려주었던 자신의 군번이 문득 생각난다. 파르르 떨리는 손으로 더듬더듬 군번을 입력했다.

그제야 메일이 활짝 열린다.

오클랜드에서

아들 같은 대학생과 마주보고 서서 손등으로 눈물을 훔쳤다. 빨갛게 토끼 눈이 되어버린 그의 눈가를 보니 찢어진 살갗에 소금이라도 닿은 듯 마음이 아프다. 등을 토닥토닥 다독여 주며 나는 다음에 내가 해야 할 일이 무언지 생각해 봤다. 도무지 좋은 생각이 떠오르지 않는다.

뉴질랜드 여행 마지막날이다. 이른 아침 볼을 스치는 바람은 약간 차가웠지만 버스 유리창으로 쏟아지는 햇볕은 참으로 아늑하게 느껴진다. 며칠 뉴질랜드를 눈에 익혀서인지 이제는 푸른 초원과 그림 같은 집들이 친근하게 다가온다.

로또루아에서 한참을 걸려 도착한 오클랜드의 중요한 부분인 와이테마타 항은 최고 수심 10m의 수로와 면적 180km의 천연 양항良港으로서 내외 항로의 중심이며 조선소와 해군기지가 있다. 하버브릿지는 오클랜드를 상징하는 관광명소이자 시내와 와이테마타 항을 연결하는 1km가 넘는 다리이다. 둥근 아치가 시원한 경관을 만들어주어 보는 이로 하여금 감탄사를 자아내게 하는데 6년의 건설 기간을 거쳐 1959년 개통되었다고 한다. 다리 아래는 배가 지나다닐 수 있도록 중앙 부분이 현수교懸垂橋 형태로 해수면에서 63m나 되는 높이를 갖고 있다.

오클랜드는 깨끗한 공기만큼 청명한 파란 하늘과 하얀 뭉게구름이 조화롭게 어울린다. 바다를 배경으로 우뚝 솟은 빌딩가의 모습은 누가 찍든 아름다운 사진이 될 것 같다. 일부러 연출하거나 기다리지 않아도 언제나 좋은 그림이 되는 세계적으로 유명한 항구 도시답다.

수영과 낚시, 윈드서핑 등 수상 스포츠를 즐기며 일광욕을 즐기는 사람을 쉽게 만날 수 있는 해변이 이채롭다. 특히 이곳은 요트도시로 불릴 정도로 자가용 요트를 소유한 사람이 많다고 한다.

점심을 먹기 위해 오클랜드 시내의 한국인이 경영하는

식당으로 갔다. 깔끔하고 정갈하게 정돈된 식당 안의 커다란 태극선 부채가 눈길을 끌었다. 그리고 영어로 된 안내문 옆에는 우리나라 말이 함께 쓰여 있어 더 정감이 갔다. 모두들 오랜만에 김치와 고추장 냄새를 맡으니까 힘이 불끈불끈 솟는 것 같다며 일제히 김치로 젓가락이 간다.

식사를 하면서 우연히 벽에 걸린 대형 거울을 보았다. 거울 속에는 식당 종업원인 듯한 아들 또래의 한국 청년이 눈가를 훔치고 있다. 잘못 봤나 싶어 다시 쳐다보니 분명 그 청년은 눈물을 닦고 있었다. 옆에 앉은 일행에게 저 사람 우는 것 아니냐고 했더니 별걸 다 신경 쓴다며 무시를 한다.

일행들보다 먼저 서둘러 식사를 끝내고 나는 청년이 서 있는 곳으로 갔다. 손을 이끌고 식당 입구로 나와 한국에서 왔냐고 했더니 고개를 숙인 채 끄덕인다. 여기 온 지 7개월째라며 한국에서 대학교 3학년을 다니다가 유학을 왔다고 한다. 가족들이 많이 보고 싶은가 보다 그렇지? 하고 물었더니 대답 대신 또 손등으로 눈물을 쓰윽 닦는다. 청년의 젖은 눈을 보며 나도 모르게 눈물이 핑 도는데 주인이 불렀다. 성급히 뛰어 들어가는 뒷모습을 보니 갑자기 군에 간 아들의 얼굴이 스치고 지나간다.

무더운 여름날 외박을 나온 아들은 일행들과 아이스크림을 먹고 싶어 가게를 들어갔다고 한다. 아이스크림을 먹고 계산을 하려고 했더니 엄마 나이쯤 된 사람이 이미 계산을 한 뒤였다. 그 분은 군대간 아들 생각이 나서……. 하며 겸연쩍은 듯이 웃고 총총히 가더라는 이야기가 문득 떠올랐다. 그 이야기를 하며 입맛을 쩍쩍 다시던 아들아이가 갑자기 보고 싶어진다.

식당 입구에서 눈물을 훔치며 오도카니 서 있는 나를 일행들이 보고는 왜 그러느냐고 한다. 청년의 이야기를 하자 무슨 사정이 있겠지, 하며 대수롭지 않게 생각한다. 식사가 끝났으면 바로 차를 타라는 가이드의 말에 모두들 차를 타러 가는데 나는 선뜻 그 자리를 떠날 수가 없었다. 기웃기웃하다가 식당으로 들어가 그 유학생을 찾았다. 주방 안에서 그릇 정리를 하다가 내가 오는 것을 보더니 고개를 숙인다. 다가가 등을 토닥여주며 그 다음 할 말을 찾지 못해서 휴지로 눈물만 닦아주었다. 주인이 의아한 듯 그 유학생과 나를 번갈아 쳐다보기에 열심히 공부하고 와요, 하는 말만 남기고 주방에서 나왔다.

뭐라도 사주고 싶어 두리번거려 보았지만 식당 주변에는 빌딩가라 그런지 딱히 뭔가 사줄 만한 것이 눈에 띄지를 않았다. 가이드의 재촉에 일행들이 기다리는 차에 타고도 그 청년이 왜 그렇게 울었는지 마음에 걸렸다. 갖가지 생각들이 머릿속에서 맴돌았다. 더 이상 물어 보지 못하고 제대로 위로도 해주지 못하고 온 것이 내내 미안스럽기만 하다.

타국에서 엄마 같은 나이의 아줌마들을 보니 엄마가 더 간절하게 보고 싶어서였을까. 아니면 혹시 엄마가 어디라도 아픈 건 아닐까. 어쩌면 엄마가 돌아가시고 유학을 떠나와 너무나 절실히 어머니 생각이 나서 울었는지도 모를 일이다.

호주머니 속에서 내 손은 애꿏은 뉴질랜드 화폐만 구기고 있고, 차는 한참을 달렸는데도 고개는 자꾸 뒤로만 향한다.

타국에서 부르는 아리랑

눈물 글썽이며 「아리랑」을 불렀다. 한층 소리 높여 잡은 손을 꼭 쥐고 더 아름답게 부른다. 다소 슬픈 노래 가락 때문일까. 아니면 좀전의 일 때문이었을까. 잘 부르려는 생각과는 달리 가슴은 왠지 허전하니 쓸쓸해져 왔다. 노래가 끝나자 호텔 안의 레스토랑이 박수 소리로 요란하다. 우리는 땡큐, 하면서 공손하게 손을 흔들며 그 자리를 나왔다.

여행이란 머물렀던 자리를 떠난다는 기대감으로 나를 한층 들뜨게 한다. 우리나라 땅을 한 발자국도 떠나본 적이 없는 내게 해외여행은 첫사랑 같은 기다림이고 설렘이었다. 모임에서 부부가 함께 가는 여행이다. 그럼에도 불구하고 교육 때문에 동행하지 못하는 남편으로 인해 마음 한 구석이 편치를 않았다.

여행길에 오르던 날, 겨울 볕은 따스하게 느껴졌지만 바람은 얇게 입은 옷 속을 파고들어 한기를 더했다. 두려움 반 설렘 반의 막막한 길을 같이 가 줄 동반자가 있다는 것은 얼마나 마음 든든한 일인가.

11시간의 긴 비행 끝에 다음날 오전 8시가 넘어서 호주 시드니에 도착했다. 그 곳은 우리나라 초여름 날씨와 같은 기후였다. 공항에서 얇은 여름옷으로 갈아입고 우리는 가이드와 호주여행의 일정을 시작했다. 맨 먼저 간 곳은 시드니에서 서쪽으로 100km 떨어져 있는 국립공원 블루마운틴이었다. 시드니에서 빼놓을 수 없는 명소로 모든 산을 뒤덮은 유칼리투스 잎이 강한 태양 빛에 반사되어 푸른 안개처럼 보이기 때문에 블루라는 이름이 붙여졌다고 한다.

우리 속담에 까마귀도 고향 까마귀가 반갑다고 했던가. 블루마운틴으로 가는 도중 우리나라 H자동차에서 만든 승용차가 지나가는 것이 아닌가. 밖을 내다보던 내가 소리치자 일행들은 "어디?" 하면서 일어나 구경을 하느라 난리였다. 평소 같으면 관심 있게 쳐다보지도 않을 일이지만 이국땅이다 보니 고향 까마귀라도 본 것처럼 반가웠나 보다.

호주는 자연 환경을 최대한 보존하고 공해를 일으키지 않기 위해서 공산품의 95%를 수입한다고 한다. 굴뚝 없는 산업의 하나로 1년에 1천만 명의 관광객을 유치한다고 하니 그 수입만 해도 엄청난 금액이다.

눈이 마주치면 처음 보는 낯선 이방인에게도 가벼운 미소로 먼저 인사를 건넬 줄 아는 그들은, 생활 자체가 욕심 없어 보일 정도로 옷차림도 수수했다. 그들의 표정, 언어, 행동에서 순간순간의 행복을 가장 중요하게 생각하는 사람들이라는 것이 묻어난다. 이것이 모두 문화의 차이, 제도의 차이에서 오는 것일까.

시드니의 한 변두리 아담한 호텔에 짐을 풀었다. 우리들이 묵는 방마다 모두 우리나라 L전자에서 만든 텔레비전이 놓여 있었다. 잘 알아듣지도 못하면서 공연히 TV를 크게 켜 놓기도 하고 여기저기 채널을 돌려보기도 했다.

외국에서 맞는 설레는 첫 밤을 그냥 보낼 수 없어서 우리는 조촐한 파티를 하기로 했다. 호텔 로비 밖에는 적당히 조명 시설을 갖춘 야외 테이블과 의자가 우리를 위해 놓인 듯 비어 있었다. 일곱 병의 와인이 바닥을 드러낼 때였다.

환하게 불을 밝힌 유리창으로 호텔 레스토랑에서 전자 오르간을 연주하며 노래를 부르던 사람이 우리 앞으로 다가왔다. 영어로 뭐라고 묻자 같이 간 일행 중의 영어선생님이 한국에서 왔다는 대답을 했다. 그 분은 손뼉을 치면서 "대한민국" 하면서 2002년 월드컵 때 붉은 악마가 하던 제스처와 구호를 외치는 것이 아닌가. 우리도 덩달아 "대한민국" 하면서 손뼉을 함께 쳤다. 그랬더니 이번에는 「아리랑」 노래를 부른다. 우리나라에 대해서 많은 것을 알고 있는 외국인이 너무 신기해서 앉으라고 의자를 권했다. 우리 일행들에게 「아리랑」을 부르지 않겠느냐고 묻는다. 그래서 단번에 "오케이"하고 대답을 했다.

우리를 끌고 들어간 그 사람은 레스토랑 안의 사람들에게 뭔가 양해를 구하는 듯하더니 오르간 앞에서 연주를 시작했다. 「아리랑」 선율이 조용한 레스토랑을 가득 메우자 우리는 모두 입을 모아 노래를 부르기 시작했다.

그런데 지배인처럼 보이는 사람이 다가오더니 영어로 뭐라 하는 것 같은데 잘 알아들을 수 없었다. 그러나 표정으로 봐서는 우리의 노래를 칭찬하는 것이 아닌 것은 분명했다. 연주하는 사람을 나무라는 듯했다. 묵묵히 듣고만 있는 그 사람 옆에서 우리도 죄인처럼 고개를 들 수 없었다.

그 때 한 사람의 박수소리가 요란하게 울리며 "앙코르" 하는 소리가 들렸다. 깜짝 놀라 고개를 들어보니 우리와는 아주 다른 서양인 백발 노신사였다. 일어서서 그는 우리를 향해 다시 한번 더 불러 달라는 이야기를 하는 것이 아닌가. 순간 지배인인 듯한 사람은 난감한 표정을 지으며 머뭇머뭇하더니 바삐 사라졌다.

처음보다 더 정성을 다해 「아리랑」을 불렀다. 「아리랑」 속에는 우리 민족의 애환哀歡과 꿈과 낭만이 서려 있기 때문이었을까. 나를 있게 한 뿌리, 더구나 타국이라는 감정이 우리를 더욱 결속시키기에 부족함이 없었으리라. 손을 잡고 잡은 손으로 박자를 맞추며 노래를 부르는 일행들의 얼굴에는 눈물이 글썽글썽했다. 노래가 끝나고 제자리로 돌아온 우리는 말없이 서로의 얼굴만 쳐다보며 주위를 살폈다. 레스토랑 안은 다시 아름다운 연주 소리가 사람들의 대화 사이사이로 스며들고 있다.

드라마 같은 현실을 꿈꾸며

남편의 잔기침 소리가 유난하다. 그런 날은 학교에서 고함만 지른 날이라는 것을 잘 안다. 아마도 말썽꾸러기 학생들을 때리지는 못하고 오늘도 소리만 지르면서 애태웠을 것이다. 남자 고등학교에서 15년, 여자 고등학교에서 10년이 남편의 분필 경력이다.

제자들 다루기가 전 같지 않다는 말을 들을 때마다 갓 결혼했을 때 담임선생님 집이라고 찾아온 학생들이 이따금씩 생각난다. 별다른 음식 솜씨도 없고 찬이 없어도 사모님 정말 맛있어요, 하며 그릇을 말끔하게 비웠다. 또 분식집과 별다를 것 없는 라면을 끓여서 내놓아도 국물 한

방울 남기지 않고 먹던 학생들.

종종 아무 예고도 없이 학생들을 데리고 와서 밥 좀 많이 주라고 나를 난처하게 만들곤 하던 남편이다. 언젠가는 한밤중에 ㅇㅇ파출소라고 전화가 왔다. 남편이 담임을 맡고 있는 반의 학생이 싸움을 했다고 한다. 인상 한번 찌푸리지 않고 불평 한 마디 없이 주섬주섬 옷을 입고 나가는 남편의 뒷모습에서 천직이다 싶은 생각을 했다. 그래도 그런 학생들이 취직했다며 찾아오고 군에 입대한다고 인사하러 오는가 하면, 또 결혼한다며 주례를 부탁하러 오기도 한다. 남편의 양 어깨에 날개가 달린 것처럼 가벼워 보이는 날이다.

지금도 잊혀지지 않는 남편의 제자가 있다. 수업료 마감날이 지나도 내지 않아서 어려운 형편 때문이겠지 했단다. 그런데 정작 이유는 다른 곳에 있었다. 이미 부모님께 돈을 타다가 엉뚱한 곳에 모두 써 버린 것이다. 수업료는 한 푼도 남아 있지 않았단다. 넉넉지 못한 환경에서 어렵게 공부를 한 남편의 심정을 내 어찌 모를까. 그 날은 다른 어느 날보다 더 오래도록 길게 남편의 이야기가 이어졌고 평소 하지 않던 설거지까지 해주었다.

나중에야 사실을 안 그 학생의 어머님이 우리 집을 찾아

왔다. 들어오시라는 내 말에 죄송하다는 말과 함께 고개도 들지 못하고 무거워 보이는 비닐봉지를 슬쩍 들이민다. 그 안에는 손수 농사지은 것으로 보이는 고춧가루와 참기름 한 병이 담겨 있었다. 철없는 놈 취직하면 꼭 갚겠노라며 뒤도 돌아보지 못하고 도망치듯 가버렸다.

그 제자는 20년을 한결같이 결혼을 한 지금도 아내를 데리고 또 아이와 함께 놀러오곤 한다. 그러면서 아내에게 자기는 선생님 때문에 개과천선改過遷善했다며 호탕하게 웃는다. 내 아들처럼 듬직하다. 남편과 내 눈이 마주친다. 잔잔한 기쁨이 밀물처럼 일렁인다.

요즘 세상은 제자가 잘못을 해도 교사가 학생들을 때렸다간 그대로 문책감이다. 학교에서 폭력을 휘두르는 일이 있어서는 안 된다고 좋지 않은 시선을 보내곤 한다. 불과 십여 년 전만 해도 '사랑의 매' 라고 해서 선생님들의 꾸지람과 매가 효과를 발휘하곤 했다. 그러나 제자들의 존경은 받지 못할지언정 교사가 세상의 질타를 받고 있는 요즘을 생각하면 그저 입맛이 쓰다.

수업시간에 조는 것도 아니고 아예 엎드려 자는 학생을 마땅히 꾸중하는 것이 교사의 할 일이리라. 그런데 꾸중하는 선생님을 욕하고 욕하는 학생을 때렸다고 경찰서에 신고를 하는 것이 요즘 현실이다. 또 선생님이 때리는 것을 카메라폰으로 찍어 방송사에 보내는가 하면 학교 홈페이지에 올려 선생님들이 수난을 당하기도 한다. 이런 기사를 대할 때면 교사가 천직이라고 생각하며 사는 남편이 더없이 측은해 보인다. 생각만으로도 훈훈한 온기가 도는 사제師弟간의 정이 오가야 할 곳이 학교인데 순찰차가 웬말인가. 따뜻함이 묻어나는 옛 교실이 점점 더 그리워진다. 겸손하게 자식을 가르치는 교사를 이해하며 받아들이는 학부모의 순수함이 더러는 아쉽다. 어제 같지 않은 오늘이다.

「TV는 사랑을 싣고」라는 프로그램에서 학창시절 말썽 피우던 제자를 바른 길로 이끌어 주던 선생님. 그 가르침을 따라 훌륭한 사회인이 된 제자가 스승을 찾아 넙죽 절하는 모습을 보노라면 괜스레 코끝이 시큰해진다. 더 이상 TV에서나 볼 수 있는 현실이 아니길 기대한다. 고단한 천직을 택한 남편의 드라마 같은 현실을 꿈꾸며…….

목을 많이 쓰는 사람에게 좋다는 은행을 굽는다. 남편의 밭은기침 소리가 오늘은 가슴에서 들린다.

■ 해설

수필쓰기의 공진점을 위하여

권중평(문학평론가, 청주대교수)

■ 해설

수필쓰기의 공진점을 위하여

권중평(문학평론가, 청주대 교수)

1

수필은 마치 X-ray와도 같다. 아니다. X-ray보다 정밀한 CT 촬영 같다. 때로는 CT보다 더 정밀한 MRI 같다. 다른 장르에 비해 글쓴이의 내면세계가 선명하게 드러난다. 또 그래야 수필의 맛이 난다. 시나 소설이나 평론이나 희곡의 경우에는 난해함 때문에 독서를 자발적으로 중단하게 되는 경우가 많다. 그러나 수필은 읽기 전에 이 글을 이해할 수 있을까,라고 망설이지 않는다. 마치 친구로부터 온 편지를 읽을 때처럼 편안하게 읽힌다. 자신이 경험한 사실을 문학적 형식에 얽매이지 않고 꾸밈없이 쓰기 때문이다. 바로 이 무형식이란 것 때문에 과거에는 수필이 문학의 시녀 대접을 받았지만, 지금은 수필이 문학시장을 장악한 최대의 미덕으로 작용하고 있다. (세상이 이렇게 변했는데도 정작 수필가들은 그런 사실을 모르고 여전히 주눅 들어 있는 것 같다. 안타까운 일이다.)

김영미의 첫 수필집『만드는 중』도 참으로 편안하게 읽힌다. KTX를 타고 여행을 하는 사람들에게 나는 이 한 권의 수필집을 권하고 싶다. 인생이 늘 미완성인 것처럼 이 작품집도 미완성이라는 특징을 갖는다. 미완성이지만 풋풋하고 따뜻하다. 젠체하지 아니하고, 어깨에 힘을 주지 아니하고, 과장할 줄도 모른다. 솔직담백한 이야기들의 향연은 당신의 여행길을 더욱 즐겁게 해줄 것이라 믿기 때문이다.

침실에서 부부가 함께 읽어도 좋으리라. 작가가 숨겨놓은 우주의 비의를 캐기 위해 고심하지 않아도 되고, 작중 인물의 숭고한 도덕성에 주눅들지 않아도 된다. 작가 자신이 정확히 평균적이므로 작가와 관련된 인물들 또한 정확히 평균적이다. 감정의 폭과 깊이의 차이만 조금 있을 뿐이다. 그리하여 우리 시대 평균적인 인물들의 삶의 무늬들을 잔잔하게 경험하며 미소를 지을 수 있겠다.

2

이 세상에서 누군가를 미소 짓게 하는 것이 있다면, 그것보다 가치 있는 것은 없을 것이다. 불가에서는 재물보시보다 법보시보다 미소보시가 최고의 보시라고 한다. 『만드는 중』은 미소보시로 스스로 빛을 발하는 셈이다. 웃음 속에 날카로운 뼈를 숨기고 있는 풍자가 아니라, 순간적인 재치에서 나오는 위트도 아닌, 자연스럽게 상황 속에서 나오는 순진한 유머이기에 독자의 마음을 편안하게 한다.

얼마 전 한국관광공사에서 주최한 관광 안내 교육이 있었다. 거기에 모인 대부분이 여자들이었다. 점심을 먹으려면 4층으로 올라가야 한다. 교육이 끝나 한꺼번에 사람들이 우르르 몰려 엘리베이터를 탔다. 만원이라는 부저가 삑삑 울린다. 서로 눈치만 보고 내리지 않는다. 날씬한 제가 내려도 문이 안 닫힐 텐데, 하고 내가 내렸다. 몇몇 사람들이 손으로 입을 가리고 킥킥거리며 웃는다. 그랬더니 문이 닫히면서 올라가는 것이 아닌가.

(「무거운 여자」 중에서)

날씬한 몸매를 갖고 싶어 하는 소망적 사고가 엉뚱하게 엘리베이터에서 돌발적으로 드러났다. 화자가 내렸을 때에도 엘리베이터가 그대로 멈추었다면 이 글은 밋밋한 글이 되고 만다. 그런데 화자의 말과는 다르게 엘리베이터가 올라가 버리고 만 것이다. 이런 상반된 상황이 웃음을 짓게 만든 것이다. 자기 자신을 알라,는 독자의 목소리가 들릴 듯하다.

아무튼 과붓집 수캐같이 일만 저지르는 저놈 데리고 사느라 고생 많습니다요. 제가 또 누굽니까? 저지르는 일 잘 추스르는 명수잖아요?

남편 친구들의 웃음소리가 병원을 뒤흔든다.

(「한여름 밤의 에피소드」 중에서)

최고의 문상객은 상주를 웃기는 이라는 말이 있다. 역설적 웃음일 것이다. 이러한 상황은 위 인용문의 경우에도 해당된다 하겠다. 남편은 매사 일을 잘 저지른다. 이번의 경우도 조심하지 않아서 엄지발톱이 뭉그러지고 뼈가 산산 조각난 사고를 당해 입원 중에 있는 것이다. 화나고 찡그려도 시원찮을 상황을 작가는 웃음으로 대미를 장식하고 있다. 울어야 할 상황에서 웃을 수 있는 것은 마음의 여유로부터 나온다.

5학년 때 내 짝꿍이었던 K. 그는 자그마한 체구를 아직도 자랑하며 술 좋아하는 애주가로 변해 있었다. 술이 얼근해지자 내 곁으로 슬며시 다가오더니 너한테 옛날에 참 못할 일 많이 했지, 하며 씽긋 웃는다. 책상에 금 그어놓고 넘어오면 죽인다고 주먹까지 불끈 쥐면서 나 협박했잖아, 하니까 머리를 긁적이며 웃는 모습이 아직도 열두 살 적 친구다.

(「추억, 그 아름다운 수채화」 중에서)

추억은 눈물인 경우가 허다하지만, 이처럼 웃음일 경우도 많다. 누구나 한 번 소싯적에 겪었을 법한 얘기이므로 이 이야기는 단번에 독자와의 공감대를 이룬다. 이 글 속의 두 인물은 강력한 이미지로 영상화되고 또 다른 영상과 오버랩되어 순진한 웃음으로 넘어버린다. 이미 지나갔으므로 웃음으로 용서되고 웃음으로 화해되는 것이므로 이런 추억은 희망의 추억인 셈이다. 그래서 추억은 희망이 될 수 있는 것이다.

3

정情과 측은지심惻隱之心은 김영미 수필의 두 번째 특징이다. 나는 앞에서 김영미 수필가가 지극히 평균적인 인간(한국인)이란 표현을 쓴 적이 있다. 그 말은 그가 매우 정이 많고 측은지심이 강한 대표적인 한국인의 정서를 그대로 간직하고 있다는 것이다. 정과 측은지심은 한국인에 있어서 사람과 사람 사이에 특수하게 갖는 감정체계다. 이성 이전의 원초적인 순수한 감정상태가 정이고 측은지심인 것이다.

식사가 끝나면 누가 정해주지도 않았는데 맏사위인 남편은 밥 먹은 자리를 정리한다. 둘째 사위는 술병이랑 쓰레기를 치우고 분리수거까지 해놓는다. 또 셋째는 아이들을 한 방에 데리고 가서 노는 일을 맡고, 넷째는 어머니 아버지의 어깨를 주무르고 안마를 해 드린다. 그 사이 딸들은 설거지를 한다.

(「까치소리」 중에서)

한국인이 아니면 상상할 수 없는 가족 간의 끈끈한 정이 따뜻한 화면처럼 표현되어 있다. 부모자식 간을 잇는 정겨움이 가족공동체의 이상적인 모습을 실현한다. 정겨움은 온기를 지니고 있다. 정겨움 속엔 눈물이 배어 있다. 눈물은 온기를 지니고 있기에 짠맛이 아니라 따뜻한 맛이다. 그리고 눈물은 머리로 따져서 흐르는 게 아니라 가슴에서 솟구치기에 감염성이 짙다.

식당 입구에서 눈물을 훔치며 오도카니 서 있는 나를 일행들이 보고는 왜 그러느냐고 한다. 청년의 이야기를 하자 무슨 사정이 있겠지, 하며 대수롭지 않게 생각한다. 식사가 끝났으면 바로 차를 타라는 가이드의 말에 모두들 차를 타러 가는데, 나는 선뜻 그 자리를 떠날 수가 없었다. 기웃기웃하다가 식당으로 들어가 그 유학생을 찾았다. 주방 안에서 그릇 정리를 하다가 내가 오는 것을 보더니 고개를 숙인다. 다가가 등을 토닥여주며 그 다음 할 말을 찾지 못해서 휴지로 눈물만 닦아주었다. 주인이 의아한 듯 그 유학생과 나를 번갈아 쳐다보기에 열심히 공부하고 와요, 하는 말만 남기고 주방에서 나왔다.

(「오클랜드에서」 중에서)

화자와 화자가 목격한 유학생 청년은 눈물로 동일우주를 이루고 있다. 만 리 타향에서는 고향 까마귀만 보아도 반갑다는데, 청년은 아마도 그런 심정이었을 것이다. 그래서 자기도 모르게 눈물이 흘렀을 것이다. 이 청년을 보고 화자는 그 또래의 아들을 연상했을 것이다. 그리하여 그의 눈물이 더욱 측은하여 보였을 것이다. 사실은 아들이 아니더라도 화자는 그의 눈물을 보는 순간 감염되었을 것이다. 화자 이외의 인물들이 화자와 판이한 반응을 보이는 것과 비교하면 화자의 심성이 어떠한지를 금방 알 수 있다. 그들에게 그 청년의 눈물은 그 청년의 개인 사정으로 치부되었지만, 화자에게 그 청년의 눈물은 곧 화자의 눈물이었던 것이다.

한의원으로 가는 길은 굵은 장대비로 마치 안개 속을 뚫고 달리는 것 같았다. 그다지 먼 거리가 아닌데도 오늘따라 백여 리나 되는 듯하다. 차 안의 유리창은 뿌옇게 김이 서리고 윈도브러쉬는 쉬지 않고 바삐 움직이면서 빗물을 닦아준다. 뒷좌석에 앉은 할머니가 궁금하다.

(「비 오는 날의 삽화」 중에서)

김영미의 측은지심은 행동으로 옮겨질 때 더욱 빛난다. 측은지심을 갖기는 쉬우나 그것을 실천하기는 쉽지 않다. 자신의 흐름을 멈추고 타인의 흐름에 자신의 몸과 마음을 실어야 하기 때문이다. 환언하면 나의 우주를 타인의 우주에 겹쳐놓는 것이다. 위의 내용은 이 같은 사정을 잘 대변한다. 병원에 진료를 받으러 와서 주차를 하려고 하는데, 할머니 한 분이 K한의원으로 가는 길을 묻는다. 안개비는 내리고 보아하니 할머니는 청주가 초행길인 듯하다. 화자의 측은지심이 발동한 셈이다. 그녀는 다시 시동을 걸고 할머니를 태워 K한의원으로 달리는 중이다. 한 사람이 얼마나 잘살았는가를 평가하는 기준은 타인을 위해 바친 시간과 열정과 물질과 지식의 양에 비례한다고 한다. 그가 살아온 인생의 길이가 얼마인지 정확히 모르지만 이처럼 측은지심을 실천으로 옮긴 시간들을 모두 모으면 상당한 켜가 쌓일 것이라 추측된다.

4

김영미의 수필은 망원경적이라기보다는 현미경적이다. 즉 거대담론보다는 미시담론이 지배적이다. 우주 속에는 많은 사물과 현상들이 존재한다. 나무와 돌, 산과 바다, 지상의 꽃과 하늘의 별, 신과 인간 등 그 종류도 많지만, 한 종의 경우만 해도 엄청난 차별성을 지니고 있다. 문학은 일차적으로 이렇게 수많은 대상에 현미경을 들이대어 관찰한 다음 그 대상들에 의미를 부여하는 것이다. 그가 먼저 현미경을 들이댄 대상은 사람과 사람 사이이다.

자신의 생활이 아니고 본인의 일과 연관이 없다고 해서 세상일에 관심을 가지지 않는 사람보다, 살면서 끊임없이 뭔가를 배우려고 하는 사람을 보면, 늘어지고 나태해진 내 생활을 팽팽하게 잡아당겨주는 힘이 느껴진다.

(「내가 좋아하는 사람은 1」 중에서)

세상일에 무관심한 사람보다 배움에의 열정을 가진 사람에게서 삶의 긴장감을 갖게 된다는 내용이다. 이는 그가 좋아하는 사람 중의 하나일 뿐이다. 그렇지만 여기에는 작가의 생래적인 감정이 내포되어 있다. 내가 알고 있는 바, 그는 끊임없이 배움의 과정을 거쳐 오고 있으며, 그 과정 과정들이 축적되어 작품으로 승화되고 있는 줄 믿고 있다. 가정을 잘 가꾸고 사회생활도 잘하는 슈퍼맘으로 알고 있다. 배우고자 하는 노력이 있었기에 가능한 일이었다고 생각한다. 배움의 중요성은 한두 마디 말로는 표현하기 어렵다. 인생의 승패를 가름하는 것은 환경이나 천부적인 능력이 아니라 배우고자 하는 열정이기 때문이다.

누군가에게 부탁을 받으면 나는 그게 어떤 부탁이거나 딱 잘라 거절을 하지 못한다. 그만큼 내 성격이 우유부단해선지 맺고 끊음을 잘 못한다. 그래서 가끔 내가 누군가에게 어떤 부탁을 했을 때 한 마디로 거절을 하는 사람을 보면, 서운하기도 하지만 한편으론 조율이 잘된 피아노 소리를 듣는 것처럼 명쾌하다.

(「내가 좋아하는 사람은 2」 중에서)

인간이 아름다운 것은 반성할 줄 알고 균형을 유지할 줄 알기 때문이다. 위의 인용문은 반성과 균형의 모범답안인 셈이다. 우유부단한 성격이야 어쩔 수 없지만, 나의 청을 거절하는 이에 대한 나의 반응이 아름다워 보인다. 정서적 균형을 유지함으로써 나의 반성적 의미를 미학적으로 표현하고 있다. 그러니까 김영미의 현미경은 타인에게 들이대고 있는 것 같지만 결국 자기에게 들이대고 있다고 보아도 무방하다. 타자의 행위를 날것으로 그냥 놔두는 것이 아니라 자기화 한다는 점에 이르면 외경스럽기까지 하다. 타인은 모두 나의 거울이다, 란 철학적 명제가 튀어나올 것 같다.

얄팍한 지갑을 갖고도 내 삶이 언제나 향기로울 수 있는 것은 이런 잔잔한 기쁨을 주는 사람들 때문이리라. 또 그들이 있기에 오늘도 도시의 퍅퍅한 건물 안에서 이스트처럼 부푼 말랑말랑한 행복을 누리는 것이 아닐까.

(「내가 좋아하는 사람은 4」 중에서)

네가 있음으로 불행하다고 뭇사람들은 말하지 않는가. 그러나 김영미는 그렇게 말하지 않는다. 그와 반대로 네가 있음으로 내가 행복하다, 고 말한다. 이 차이는 천국과 지옥의 간극처럼 낙차가 크다. 소박하면서도 우리 모두가 꿈꾸는 삶을 담담하게 발언하고 있다. 독자로 하여금 말랑말랑한 행복을 느끼게 한다.

같은 사무실에 근무하는 분이 오랜만에 화사한 와이셔츠에 양복을 입고 저만치서 성큼성큼 다가온다.

"어머나! 전 배용준인 줄 알았어요."

굳게 닫혔던 문이 열리듯 금세 그분의 고른 치아가 드러난다. 기분이 한층 업그레이드된 그분을 바라보는 나도 따라 즐겁다. 상대방을 기쁘게 하는 일이 비로소 내 자신도 행복해지는 일임을 알았다. 나는 지금 내 주변의 모든 사람을 조금씩 행복하게 '만드는 중'이다.

(「만드는 중 2」 중에서)

아하, 이제야 알 듯하다. 김영미의 첫수필집이 무엇을 만들고 있는 중인지를. 그것은 다름 아니라 주위 사람을 행복하게 만드는 중이다. 주위 사람을 행복하게 하는 것이 내가 행복해지는 것을 알았음으로 그의 행복은 햇살처럼 퍼져나갈 것이다. 이 수필집을 읽는 이들은 모두 행복 만드는 법을 알게 될 것이다. 그것만으로도 김영미의 첫수필집 「만드는 중」은 옥동자이다.

5

셰익스피어가 한 말로 기억한다. 법적 질서보다 위의 질서는 윤리적 질서이고 윤리적 질서보다 위에 있는 질서는 신적 질서이며 신적 질서보다 위의 질서는 시적 질서이다. 셰익스피어의 말이기 때문에 신뢰성이 가는 게 아니라 그게 사실이기 때문에 경청할 가치가 있는 것이다. 시적 질서는 법적 질서보다 윤리적 질서보다 신적 질서보다 훨씬 더 고급한 질서이다. 법과 윤리와 신을 다 담아내면서도 그 무엇보다 도덕적이다. 그리고 무엇보다 아름답다.

오랜 산고 끝에 옥동자를 보았으니 잘 키우기를 바란다. 옥동자를 잘 키우는 길은 어머니가 어머니로서의 책무를 게을리하지 않는 것이다. 케케묵은 말이지만 이제 수필 쓰기를 여기로 하지 말고 수필을 쓰고 나서 여기로 다른 일을 하시라. 그리고 또 케케묵은 얘기지만 문학은 언어를 도구로 하는 것이므로 언어를 가지고 놀 줄 알아야 한다. 그러면 반쯤 문학전문가라고 할 수 있다. 거기에서 더 나아가 우주와 인간에 대한 통찰력과 책임을 가질 때 참다운 문학가가 될 수 있는 것이다. 인간으로 태어나 한번 승부를 걸어볼 만하지 않은가.

모든 사물은 충격을 가하면 떨림이 있다. 어떤 물체는 1초에 다섯 번 떨리는가 하면 어떤 물체는 열 번 떨린다. 그 떨림의 최고치를 공진점이라고 한다. 공진점을 넘으면 물체가 더 이상 버티지 못한다. 성수대교와 펜실베이니아의 다리가 무너진 것은 이 공진점을 넘어섰기 때문이다.

이 공진점을 넘어서서 파탄을 가져오는 것은 우리 생활 속에서도 흔히 보인다. 아내가 바가지를 심하게 긁으면 남편이 집을 뛰쳐나간다. 집 나가는 아이를 때리기만 하면 아예 집에 들어오지를 않는다. 역시 공진점을 넘어섰기 때문이다.

공진점을 넘어서는 것이 긍정적 역할을 하는 경우도 많다. 가령 가족이 매주 한 번씩 외식을 한다거나 문화생활을 자주하는 것, 공부하라는 말 대신에 부모가 책을 보는 습관을 갖는 것 등이다. 그네를 탈 때 어느 정도까지는 힘이 필요하다. 그러나 공진점을 넘어서면 아주 적은 힘으로도 그네는 하늘 높이 올라간다.

수필쓰기의 공진점을 넘어서는 것도 이와 같다.

김영미 수필집

만드는 중

초판인쇄 2007년 10월 20일
초판발행 2007년 10월 25일

저 자 김 영 미
발 행 인 서 정 환
펴 낸 곳 수필과비평사

출판등록 1984년 8월 17일 제28호
주 소 서울시 종로구 익선동 30-6
운현신화타워 빌딩 2층 207호
전 화 (02)3675-5633
F A X (02)3635-5633
홈페이지 http://www.shin-a.co.kr
e-mail essay321@hanmail.net

값 8,000원

ISBN 978-89-5925-373-9 03810

* 이 책의 제작비 일부는 충청북도 문예진흥기금의 지원을 받았습니다.